人生がおもしろくなる!　ぶらりバスの旅

イシコ

幻冬舎文庫

人生がおもしろくなる！
ぶらりバスの旅

はじめに

バスが好きだ。正確には昔は嫌いだったけど、どんどん好きになる。時間のありがたさ、贅沢さを知ったからだろうか。

時間を持て余していた学生の頃、節約するために名古屋から東京までの移動は高速バスだった。新幹線なら一時間半なのに高速バスだと五時間以上かかり、「かったるいなぁ」とぼやきながら乗っていたことを思い出す。

社会人になり、今度は時間を節約することを意識するようになった。いつしか三十分単位でスケジュールを入れることに快感を覚え、予定が詰まっていなければ落ち着かなくなっていった。

そんなある日、電車に駆け込み乗車しようとして目の前でドアが閉まった。ドア越しに乗客の冷めた視線を感じてうつむき、去っていく電車を目の端で追い、顔を上げると線路を挟んだ正面に看板が並んでいた。腕時計をはめた男性の写真が目に留まり、ふと先ほどまで会っていた万年筆専門店の店主の言葉が頭をよぎる。

「時間を短縮して見えることもあるけど、見えなくなるものもあるんだよ」

パソコンやスマホの普及で手紙を書く機会が少なくなった。一文字入力しただけで予測変換し、あっという間にメッセージが完成し、ボタン一つで送れる。多くの人に一斉送信までできてしまう便利な世の中だ。しかし、手書きの筆跡、筆圧などから読み取る感情は消えてしまった。

時間を短縮する道具は増え続けているのに「時間が足りない」という感覚はなくならない。時間を短縮することで逆に何かをなくしてしまったのではないだろうかとさえ思ってしまう。

翌日、一日の間に数えきれないほど見ていた腕時計をはずした。最初は落ち着かなかったが、携帯電話の画面を見れば時間がわかるので思ったほど困ることはない。ポケットの中に入れるとすぐ取り出してしまうので、鞄の中に入れたら見る回数は格段に減った。あの日以来、僕は腕時計をはめていない。

時間という概念を手放したからか、単に腕時計をはずして不安になっただけかはわからないが、余裕を持ってスケジュールを入れるようになり、それに比例して必要のない打ち合わせも減っていった。意外に無駄な打ち合わせって多いですよね。

次第に時間に追われる感覚から解放されていくような気がした。電車が遅れるだけで眉間に皺を寄せるようなこともなくなり、渋滞してもイライラすることが少なくなった。

最も変わったのが路線バスでの乗車中の過ごし方だ。以前は乗車すると同時にネットニュースを眺めていたのに、今では車窓を楽しむようになった。「風が強いなぁ」と街路樹の動きから感じ、「どんな人が住んでいるんだろう」と人の暮らしぶりに目が向く。時に様々な記憶がふわっとよみがえり、自らを省みることもある。そんな時間に魅了され、好んで路線バスに乗るようになった。

高速バスを再び移動手段に加えたのも、その頃だと思う。飛行機や新幹線で移動時間を短縮することはできるが、バスだと移動をゆったり楽しむという時間の贅沢を味わうことができる。太陽と雲の位置で変わる景色の色合いや細かい山の形まで意識が向き、普段よりじっくり物事を考えるようにもなる。その時間の流れの心地よさが、日々の暮らしぶりにまで影響を及ぼす。

学生の頃などに住んでいた場所へ何年後、何十年後に出向き、当時、利用していた路線バスに乗り、車内の空気を感じ、車窓を眺めるだけで当時の記憶がよみがえるタイムマシーンの旅になる。

深夜バスに乗り込めば独特の旅情と高揚感を味わうことができ、次の日には別の場所まで連れていってくれる「どこでもドア」の役割も果たしてくれる。高速バスも、このところ進化を続け、飛行機で言えばビジネスクラスのようなゆったりした座席を備えたバスも多く、中には個室付きのバスまである。

日本だけではない。バスの語源であるラテン語「オムニバス（全ての人のための）」の通り、世界中で様々なバスが走っている。ベトナムではベッドが備え付けられているスリーピングバスがあり、寝転がって街を眺めることができ、ニューヨークの街を縦断するバスでは、それぞれの地域から様々な人種が乗り込んでくる様を見て多様性を知り、イタリアやタイでは水上バスから地上とは違った目線で街を感じることができる。

ネパールの、十人乗りのワゴン車に二十人詰め込んで移動するバスもあれば、ミャンマーのようにトラックの荷台を覆った鉄枠につかまって立ち乗り状態で乗るバスなど、日本では考えられないようなバスだってある。

様々なバスに乗り、現地の人々が発する空気を浴び、そこで暮らす人々の様々な人生を垣間見ることで旅の記憶は色濃くなり、身体に染み込んでいく。繰り返しているうちに自分のスタイルができるように、自分に合った旅というものができあがり、自分の人生に積み重なる。僕にとって人生がおもしろくなる道具として、バスは欠かせない乗り物なのだ。

路面の悪い道を走るバスのように人生も快適な時ばかりではない。そんな時でも容赦なく時間は進む。その時は不快でも年月を経ると記憶は熟成され、僕の場合、バスに乗り込むと当時の思い出がひょっこり顔を出す。気づくと「あの経験も悪くなかったなぁ」と車窓を眺めながら微笑んでいることが多い。

本書では、バスに乗ったからこそ見えた出会い、景色、人生を綴《つづ》った。国内のバス旅も交ざり合い、時系列にもなっていない。僕の思考のリズムに沿って進むので、興味のある国、気になるタイトルなどからぶらりとバスに乗り込むように途中から読んでいただくのも大歓迎。この本を通して、バスのあらたな魅力が伝われば幸いである。

それでは発車します。

目次

昔、利用していたバスは「タイムマシーン」になる（東京）

山手通りを走っていたバスは甲州街道に入らず直進した。どうやら乗るバスを間違えたようだ。数えきれないほど利用していたバスなのに。

渋谷で打ち合わせが早く終わり、今日の予定は全て終わった。映画でも観ようと思い、渋谷駅南口を歩いているとバスターミナルに入ってくる「中野駅」行きのバスが目に留まった。二十年程前、中野区に住んでいた頃、渋谷に用事があるとよく利用していたバスである。当時、二十代後半でやりたいことが定まらず、悶々とした不安だらけの日々を送っていた。ため息交じりでバスを待っていた自分を思い出す。

そして、ふと思った。「あのバスで渋谷駅から中野駅まで乗ったことはなかったなぁ……」と。始発から終点まで乗ってみようなどとは住んでいる頃には考えたこともなかった。渋谷駅から中野駅まで行く場合は電車を利用すれば約十五分と所要時間が推測できるが、バスを利用すると時間が読めない。渋谷の街中や山手通りなどで渋滞に巻き込まれれば一時間を超えてしまうこともあるだろう。当時は、そんな時間も、そして、何より車窓をゆったり眺めながら路線バスを楽しむ余裕もなかった。

点滅信号の横断歩道を渡り、停まっているバスまで走った。この後、予定があるわけでもないので渋滞に巻き込まれても焦る必要はないのだ。

六年程前に岐阜に移住してからは、都内滞在の際の移動は電車ばかりで路線バスに乗るのは久しぶりである。ジーンズのコインポケットに指を突っ込み、小銭を探る。乗車賃は均一料金の先払い、つまり、どこまで乗っても同じ金額である。僕がよく乗っていた二十年前は二百円だったが今は二百十円。ポケットの中の小銭が足りず、マネークリップから千円札を取り出す。しかし、料金箱の隣に交通系ICカード対応の機器が装備されているのを発見。今はバスもICカードが当たり前に使用できるのだ。

ICカードのアプリが入ったスマートフォンをかざした。

車両は新しくなり、バスのシートはきれいだが、内装デザインは基本的には変わらない。シルバー席は横向きのシート、あとは一人掛けの席と二人掛けの席の見慣れたレイアウトである。

渋谷駅が始発なので通勤通学の乗客の帰宅時間帯に重ならなければ座れないことはない。混み具合は列に並んでいればわかるし、今日のように既に乗客が座っている場合は外から見ればわかる。もし、座れなそうであれば次のバスを利用すればいい。今、住んでいる地域のようにバスが一時間に一本しか来ないわけではないのだ。

冬の太陽は陰り始めたが、サラリーマンの帰宅時間には、まだ早い。乗客はやたら姿勢のいい高齢者の女性と出発前から既に窓に頭をもたれるようにして眠っているスーツ姿の中年女性、ヘッドホンをつけた学生らしき男性の三名だけだ。僕がいつも座っていた、一番後ろの角の席も空いている。この路線に限ったことではないが、たいてい一番後ろの席を選ぶ。少し高くなっているので車窓も高い位置から眺められ、乗降客の移動など車内の動きからも隔離され、物思いにふける場所としていい。もちろん眠る時にも。

東急百貨店の買い物袋を提げた中年女性、薬指のおそろいのリングが光る若夫婦など続々と乗り込んできた後、バスは出発した。井の頭線渋谷駅とＪＲ渋谷駅を結ぶ連絡通路の下をくぐり、渋谷のスクランブル交差点を直進していく。信号待ちしている多くの若者たちがスマホの画面に目を落としている。僕がこのバスを利用していた頃には、なかった光景だ。彼らが持つスマホとつながる電波に色をつけたら、このあたりは何も見えなくなるだろう。

西武百貨店を通り過ぎ、丸井の手前で左折し、ゆるやかな坂道を上がっていく。以前、取材で、陸上ハードルの為末大さんに話を聞いた際、この道の話題になった。彼は坂道を走る時の足の裏の食いつきの気持ちよさについて熱く語った。坂道であれば何でもいいわけではなく、食いつきのよさは角度と路面の状態により、渋谷の坂道は角度とアスファルトの状態が彼の好みらしい。

パルコの前を通り過ぎるとT字路になる。その先から一帯は巨大な代々木公園が広がっているので、この坂道は「公園通り」とも呼ばれ、昭和から平成に変わる頃、その名前をつけた映画が製作されたこともある。その映画の監督が社長を務める事務所が、この坂道の近くにあり、僕が上京して最初に働いていた場所だった。働いたといっても社員ではなく、丁稚奉公のような待遇で給料はほとんどもらえなかった。給料代わりにじゃがいも一箱だったこともある。邦画に客が全く入らない時代で映画の仕事はなく、仕事といえばいつ製作できるかわからない映画の台本原稿を脚本家の元に取りにいくなどの使いっ走りか、マニアックな深夜ドラマの撮影現場の手伝いにいくくらいだった。出入りするようになって半年ほどして、その事務所はなくなってしまった。

旧渋谷公会堂の脇を左折すると右手にNHK放送センターを見ながら坂を下り始める。左手には渋谷税務署と法務局がある。現在、僕は岐阜に住民票があるが、個人事務所は渋谷にある友人の会社の中に置かせてもらい、登記は渋谷区になっている。よって法人税は、この税務署に納めている。法人税の支払いを忘れたまま旅を続けていて、会社の口座を差し押さえられた苦い思い出もよみがえってきた。

NHK放送センターの周囲をなぞるように走り、井の頭通りが山手通りとぶつかったところで右折する。車に乗っているとわかりにくいが、自転車で走ると、このあたりの坂道の多さがよくわかる。

小田急線の上を通る陸橋を越え、代々木八幡駅入口でバスは停車し、買い物袋を提げた中年女性が降りていき、保険の書類が詰まっていそうな大きな鞄を持ったスーツ姿の若い女性が乗り込んできた。窓の外には住宅街が広がっている。売れない女性ファッション誌の編集長をしていた頃、この橋のたもとのマンションの一室が編集部になっていた。入稿日が近くなり、デザイナーや印刷所などとのやりとりが激しくなると編集部に寝泊まりしていたことを思い出す。通っていた銭湯の煙突を探すが見つからなかった。

昔、利用していたバスに乗ると車窓に自分の人生が詰まっていることに気づかされる。車窓から見える風景と地名から記憶を呼び起こし、時間の流れが入り交じったタイムマシーンに乗っているかのようだ。僕の場合、苦い思い出が多いが、時間で熟成された記憶は美化されるのか、「あれはあれで、悪くない時間だったなぁ」と思えてくる。

バスは初台坂下、南初台、初台坂上と再びアップダウンを繰り返し、甲州街道にぶつかり、左折するとさらに記憶が詰まった地域へ進んでいく……と思っていたが、山手通りをそのまま直進していったのである。

中野駅行きは二通りあったのだ。僕が利用していたバスは行先表示の中野駅の上に幡ヶ谷経由と書いてある。おそらくこのバスは中野坂上経由と書かれていたのだろう。僕のような不注意な人のためにバスの乗り場も一つ南側のバス停にずれていたはずだ。しかし、記憶の曖昧さと、昔、乗っていたという慣れに対する自信、そして確かめずに慌てて乗ったことが全て重なり間違えてしまったのだ。

車内は、いつのまにか席が埋まり、つり革につかまって立っている人までいる。渋滞なのか信号が赤で詰まっているのか、もしくはその両方なのか、バスは東京オペラシティの横をゆっくり進んでは停まる。改めて下から眺める五十四階建てのビルは迫力がある。

真夏に岐阜から東京まで約四百キロの距離を十日ほどかけて歩いたことがあり、東京に到着した翌日、このビルに入っている新国立劇場で友人が出演する舞台を観た。終演後、楽屋へ顔を出すと僕の顔が日焼けし過ぎて真っ黒だったこともあり、しかも歩行旅の途中で髪の毛がうっとうしくなり床屋に入って丸刈りにしてしまったので、最初は僕だとわからなかったようだ。「ん？　イシコくん？」と語尾を上げて聞かれ、そのまま居酒屋へ連れていかれ、事情聴取のように歩行旅について尋ねられた。

玉川上水から淀橋浄水場までの水路を埋め立てて作った水道道路を越えると左手にファミリーレストラン「ココス」が現れ、半地下の息苦しそうな駐車場も見える。ヴォイストレーナーの妻を新宿駅まで車で迎えにいった帰りは、よくここに立ち寄った。偏食家の彼女は食べられる物が少なく、メニューの多いファミリーレストランはありがたい存在だったのだ。

お茶で有名な伊藤園の本社ビルの横を通り過ぎると方南通りへ近づいていく。清水町の交差点の角には持ち帰り専門の寿司屋があったはずである。一か月九十食マクドナルドの商品だけを食べると人間の身体はどうなるかというドキュメンタリー映画『スーパーサイズ・ミー』を思い出す。この映画の日本公開の際、宣伝を手伝った。公式サイト内に特別ブログを開設し、「日本版スーパーサイズ・ミー」と名づけ、日本のファストフードである寿司を一か月九十食食べ続けるとどうなるかの実験ブログを綴った。大好物の寿司なので大丈夫だろうと意気揚々と始め、一番好きなコハダは欠かさず食べていたが九食目、つまり三日目の夕方には選ばなくなり、一週間後には光り物の魚を受け付けなくなり、二週間で生魚を見るのも嫌になった。そんな時、この持ち帰り専門の寿司屋に飛び込み、稲荷寿司を食べて、ほっとしたのである。結局、三週間後には酢飯も受け付けなくなった。当時の記憶を反芻《はんすう》していたが、その寿司屋はなくなり、牛丼の松屋に変わっていた。

バスは再び坂を上り始め、中野坂上へ向かっていく。二十代半ばの頃、小さなミュージカル劇団に所属していたことがある。プロデューサーが振付師だったこともあり、劇団の稽古場を兼ねたダンススタジオが方南通りと中野坂上の間の山手通り沿いのビルの地下にあった。建物の記憶をたぐりよせながら車窓を見続ける。緑っぽい外壁の五階建て程度のビルで左側に地下のスタジオにつながるガラス戸があったはずだ。一階はスタジオの持ち主である不動産屋の店舗があり、二階以上が居住マンションになっていた。ビルの前は車が数台、停められる駐車場になっていて奥まっていたはずである。となるとバスの中から探すのは難しいかもしれない。目を凝らして注意深く眺めていると、あっけなくスタジオ名が書かれたガラス扉が目の前を通り過ぎた。山手通りが広がったことで駐車場はなくなり、建物が山手通りに面していたのである。拡張工事を考慮してビルを建てたと不動産屋の社長が言っていたことを思い出した。ダンススタジオのガラス扉を目にしたのは一瞬だったが、名前は変わっていない。僕が劇団に在籍していた頃はガラス窓に黄色のビニールテープを駆使して文字を作って貼っていたが、きれいな白のカッティングシートの文字に変わっていた。

バスは速度を落とし、成願寺前《じょうがんじまえ》で停まり、杖をついた高齢者が一人降りていった。スタジオでレッスンや公演の稽古をした後、劇団員たちとバカ話をしながらよく通っていた道のはずだが、当時は周囲の景色に意識がいっていなかったのだろう。この寺に関してはほとんど記憶がない。改めて車窓から見る成願寺は立派な門構えだ。室町時代、このあたりを開拓して成功を収め、「中野長者」と呼ばれた商人が建てた寺である。彼には一人娘がいたが病気で亡くなった。それを機に、その後の人生を仏門に捧げたそうだ。車内でスマートフォンを使い、車窓に映った寺について調べられるというのも当時はなかったことである。

変わらない場所もあれば、すっかり変わってしまった場所もある。この路線の中で一番変わったのは中野坂上駅だろう。駅と直結している高層ビルがいくつも見えてくる。僕が劇団に通っていた頃には一つもなかった。

信号待ちしている女子高生がスカートを押さえている。風が強いようだ。周囲の女性の髪の毛も、「なびく」を通り越し、かき乱されている。低層住宅地域に、いくつもの高層ビルが建ったことと中野坂上の地形が絡み合い、強いビル風を起こすようになったのだと東京に詳しい編集者が教えてくれたことがある。中野坂上駅で降りる人が多く、車内の空気が大きく動き、客が入れ替わったように感じられた。

バスは青梅街道を越え、大久保通りを左折し、西へ向かう。徐々に中野駅に近づいていく。東京に住んでいた頃、車を運転する際、何度も通ったことのある道だが、バスで通るのは初めてである。自分で車を運転している時とバスに乗っている時とでは目線も思考も変わってくる。

　芸能人が通う学校として知られる堀越学園があることもバス停の名前で初めて知った。住んでいる間に、いつか散歩で行こうと思いつつ、結局、いまだに訪れていない紅葉山公園の脇も通り過ぎていく。

「あれ？　●●さん。全然、気づかなかったわ」

　一つ前の席に座っていた中年女性が降りる際、別の中年女性にかけた声が聞こえてくる。降りようとしていた女性の母親が中野総合病院に入院していて、その見舞いに行くところらしい。そういえば僕も、この病院には見舞いに行ったことがある。大道芸を使った子供ショーで全国を回っていた頃、ショーの演出を手伝ってくれていたスタッフが、この病院に入院したことがあった。彼女が何の病気で入院したのか覚えていないが、病室へ持っていった見舞いの品は山盛りの十円饅頭《まんじゅう》だった記憶がある。とても病人に持っていく代物ではなかったが、おそらく安くて量のあるものを持っていこうとしていたのだろう。

　中野五差路に差し掛かり、この路線バスも終わりが見えてきた。ここを右折し、中野通りへ入ると、すぐ中野駅だ。目の前にはファッションビルとして知られる丸井もある。渋谷の丸井とは見た目も客層も違い、昔は渋谷の丸井にしか興味はなかったが、今では、こちらの丸井を見るとホッとする。僕も歳をとったのだろう。こうしてバスは中野駅南口のロータリーへと入っていく。さて、この後、どうするか。車窓から眺めた人生を回想しながら中野で一人メシも悪くない。

気温四十五度の国でバスのクーラーが壊れたら？（ブルキナファソ）

荷台に積み上げられた段ボール箱と一緒にブルキナベ（ブルキナファソ人）が座るトラック、後ろのトランクの蓋が閉まらず、パタパタさせているサビだらけの乗用車、車高より高く積み上げた荷物を屋根に載せ、窓にはガラスが入っていないステーションワゴンなど、車窓から対向車を眺めているだけで、いつまでも飽きない……でも、暑い。

ヘッドホンで聞いているメタリカなるへビメタバンドがいけないのだろうか。ドラムの熱量で、こちらまで暑くなってきてしまったのか。ヘッドホンをはずし、プールで潜水した後のような大きな息を吐いていた。いや違う。バスの中が暑いのだ。先ほどまで寒いくらいクーラーが利いていた車内が急に暑くなっている。

周囲に座るブルキナベの乗客がフランス語でぶつぶつ言いながら、窓を開け始めた。

古いバス車両なのが不幸中の幸い。現在、日本で主流の窓が開かない高速バスタイプだったらと思うとぞっとする。

「まいったね。こりゃエアコンが壊れたな。我々も窓を開けようか」

隣に座っている飯田さんは、「まいったね」とは言うものの焦っている様子はない。通路を挟んで座っているブルキナベの男性も窓も開けたようだ。こちら側の窓を開けると一気に風が通り抜ける。これで暑さをしのぐことはできそうだ。ただ乾期の土ぼこりも一緒に入ってくる。この国は舗装されていない道が多い。

座席の隙間から後ろを見ると既に窓が少し開いている。フランス語通訳のインターンとして飯田さんの元に長期滞在しているあゆみさんは通路側の席で眠り、彼女の友人の女性デザイナー、サンドリンは僕の視線に気づき、窓側の席でにやりと余裕の笑みを浮かべる。みんなさすがだ。長く住めば、これくらいのことでは動じなくなるのだろうか。

ブルキナファソの首都ワガドゥグから約四百五十キロ離れたバンフォラまで、この四人で小旅行に出掛けていた。観光地のバンフォラまで鉄道もあるが、バスの方が便が多く、しかも早い。早いといっても高速道路があるわけでもないので約八時間かかる。バンフォラに行けば、川で木のボートに乗って野生のカバを眺めることができ、長い年月の浸食によって形成された砂岩を登るなど、アフリカらしい体験と景色を満喫することができる。ただ、それは、あくまで添え物だ。落ちているマンゴーを、どれが一番高く日本で売れそうか選びながらみんなで食べ、滝や池でずぶ濡れになって笑い転げる時間の方が記憶には残りそうだ。結局、どこに行こうが楽しいメンバーであれば、それだけで十分である。

「だいじょうぶ？　水ある？」

そう言って飯田さんはペットボトルに口をつける。

「それにしても滞在が長くなっちゃいましたね。西アフリカの他の地域も行きたかったんじゃない？」

僕が東京で通っていた美容室のスタッフから父の様子を見てきてほしいと頼まれたことが、この国に立ち寄るきっかけだった。その父というのが飯田さんだったのである。

最初は一週間ほど滞在した後、ガーナとコートジボワールを回る予定を組んでいた。しかし、ずるずるとこの国に三週間、滞在し続けたのは飯田さんの存在が大きかった。

黒人しかいない市場でトマトを買い、屋根のない劇場で映画を観て、滞在場所から十キロ以上離れたところにある教会の作り立てのヨーグルトを食べに、原付バイクを借りて陽炎《かげろう》の中、一緒に走る。そんな日常の時間の中にアフリカでの楽しみがあることを飯田さんは教えてくれるのだ。

日本のマスコミなどから頼まれ、ブルキナファソの情報の窓口になることもあれば、孤児院を作ろうと現地の人たちに手伝ってもらいながら、日々、奔走しているところも垣間見た。フランス語を駆使して交渉する様には頭が下がる。

「この国に来た時、フランス語が全くできなかったってホントですか？」

一度、じっくり聞こうと思っていた質問である。毎晩のように彼と一緒に飲んでいたが、その日にあった楽しいことと未来の話で終わってしまうので、今に至るまでの話を聞いたことがなかったのである。

飯田さんは美容師であり、また美容室をチェーン展開している経営者だった。そんなある日、「五十歳になったら好きなことをやる」と家族に宣言した。家族から猛反対されたが、彼の意志は強く、美容室経営は奥様にまかせ、ボランティアとしてブルキナファソに派遣されてきたのである。世界最貧困と言われたこともある過酷な状況のこの国で、契約期間の二年の間は井戸を掘っていた。滞在しているうちに、この地が気に入り、そのまま残る決意をしたらしい。

「二年経っても、まともに話せなかったんだよ。それが悔しくてね。フランス語ができるようになるまで日本に戻らないって決めちゃった」

懐かしそうに笑う。ただ、この地に残るといっても暮らしていくにはお金が必要だ。そこで彼は居酒屋を始めることにした。この国は意外に食事のバリエーションが多い。芋をついた餅「フトゥ」も食べれば、ぶっかけ飯のようにして米も食べる。フランス植民地時代の文化も残り、フランスパンも普通に売っていて、食に対する意識は高い。飯田さんが始めた居酒屋にも客は押し寄せた。

しかし、雇ったブルキナベのスタッフが友人たちからお金を取らないで、ご馳走してしまうということが頻発するようになった。

「まかせっぱなしで、チェックしなかったからいけないんだけどね」

結局、店は閉めたそうだ。窓を開けた長距離バスの中は語り合う場所としては意外にいい。バーカウンターのように同じ方向に身体を向けていると照れくさい話もほろ苦い話もしやすくなる。それに加え、窓から風が入り込み、声が交ざり合い、話が流されていく感覚も心地いい。土ぼこりは相変わらずだけれど。

「失敗してもやり直せばいいだけのことだから。生きている限り、一歩前に踏み出す方が楽しいよ」

そんな彼だから、周囲には踏み出す力が強い日本人たちが集まってくるのだろう。とびの仕事で貯めたお金で、カナダに渡り、フランス語を修得してブルキナファソに渡ってきた女性、マザー・テレサの活動に感銘を受け、彼女が作ったインドの施設へ飛び込みで行って働かせてもらい、その後、この国に移り、ブルキナベと恋に落ち、結婚して子育てする女性……一歩踏み出すなんて簡単だと思わせるような人ばかりなのである。

「アフリカに来るっていうのはわかりやすいだけで、本当は、どこでだって踏み出すことはできるんだよね。でも、この国にいると日々、少しずつでも自分が育っていくことを感じやすいっていうのもあるんだよなぁ。もちろん、大変だけどね。おっ、休憩だよ。ゆで卵買おうよ」

飯田さんは今にも立ち上がりそうだった。バスは日本で言うサービスエリアのような場所に入っていった。

外では、おばちゃんたちが、ミネラルウォーターの入った箱や、ゆで卵を載せたざるを持って待ち構えている。待ちきれずに停まっていないバスに近寄り、開いている窓越しに売ろうとしてくるおばちゃんもいる。

バスの扉が開くと車内には、「ここまで来たかぁ」といった安堵の声と、暑さからくる笑いに似たため息が、あちこちで入り交じる。

バスを降りると、まずはブルキナベの波をかき分けながらトイレに向かった。便器はなく壁だけのだだっぴろいトイレである。ブルキナベに交じって壁に向かって立つ感覚にも、すっかり慣れた。

「もう買ってあるよ〜」

トイレから出ると飯田さんが満面の笑みで手を振っている。ブルキナベの渦の中で日本人は目立つのだ。

ビニール袋に入ったゆで卵を一つ手にして口に放り込む。黄身は少し固めで、ほんのり塩味がついている。暑い国での塩味ほど、美味しいものはない。

「うめぇ〜」

思わず叫ぶ。物売りのおばちゃんたちが驚いてこちらを見た後、顔を見合わせ笑い、我々も笑った。

「こりゃ、今晩のビールもうまそうだなぁ」

飯田さんが髭に黄味をつけたまま豪快に笑う。窓が開いたバスが楽しくなってきた。

青春18きっぷ地獄から解放された天国の深夜バス（北海道）

一か月近く日本全国を旅している。移動手段はバスではなく主に電車だ。基本的に「青春18きっぷ」という企画乗車券を使用している。朝、滞在している町のＪＲの駅の改札口で日付の入ったスタンプを押してもらうと、その日は在来線が乗り降り自由になる魔法のような切符……だと最初の頃は思っていた。勢いにまかせてみどりの窓口で五枚つづりのセットを五つ、つまり二十五日分購入し、クレジットカードのサインをした時の高揚感は既にない。在来線は各駅停車が多いので時間はかかるし、乗り継ぎが悪いと一時間以上待つこともある。今は「飛行機か新幹線、せめて高速バスに乗りたい」が独り言で出る始末。あぁ、お尻が痛い。

ビジネスホテルの狭いベッドから起きると湯沸かしポットのスイッチを入れ、ボロボロになったポケット版の時刻表を手にする。インターネットでも調べられるが慣れると冊子の時刻表の方が早いし、旅の立体的なイメージがつきやすい。

今日は札幌から稚内まで移動する。その距離は約三百五十キロ。東京から名古屋もしくは仙台に匹敵する距離である。新幹線が走っている地域であれば約二時間だが在来線で行けば乗り継ぎにもよるが六時間くらいだろう。時刻表に赤ペンで印をつけて時間をチェックしていく。「はぁ」とため息をつきながら。そのため息が「はぁ？」に変わった。待ち時間を入れて約十四時間。朝六時に札幌を出て稚内到着は二十時である。時計を見ると既に七時を回っている。どうして前日に調べておかなかったのだ。いや、毎日のように時刻表とにらめっこしているとホテルに入った途端、時刻表どころか時計さえ見たくなくなるのだ。

もう一泊、札幌に宿泊するか。いやいや、ここにもう一泊する金額で青春18きっぷなら二日乗ることができる。

今回の旅のテーマは「うまい棒」だ。コンビニ、スーパーなど日本中どこでも手に入る日本が誇る駄菓子である。十円で、ここまでクオリティ高く種類豊富な駄菓子を作る技術を僕は他には知らない。初めて食べた中学生の頃から今に至るまで、ずっと好きで、今もリュックの中に入っている。旅の途中で小腹が空いた際に食べ、国内だけではなく海外旅のトランクに忍ばせていったことがあるほどだ。その話をすると、たいてい笑われ、バカにされることもある。

ある時、僕のうまい棒好きを知った雑誌の編集長が「うまい棒特集」を作らせてくれた。うまい棒の開発者にインタビューし、一週間で千本のうまい棒を食べ続けた若者に会いに群馬まで出掛け、発売されては消えていくうまい棒の種類の変遷と時代背景や、うまい棒食べ放題の福利厚生があるIT企業など様々な視点から取材した。意外にも、この特集は好評で、それを読んだある出版社の編集者からSNSを通じて、うまい棒の本を出しませんかと連絡があった。

そこで「うまい棒」を巡る旅をさせてほしいと提案したのだ。十種類以上あるうまい棒の土地ごとの好み、全国の大学の生協に置かれているうまい棒の状況を調べたかった。東大、京大の生協にはうまい棒が全種類置かれ、早稲田大学にはうまい棒研究会なるサークルまであり、自分たちでうまい棒の歌やうまい棒をテーマにした試験問題まで作っていた。

編集者は「面白そうですね」と口では言ったが目は笑っていなかった。そして、「本の書き下ろしに関しては取材の予算はないんですよ。出せてもせいぜい十万くらいです」と付け加えた。

そこで十万円で全国を回るための苦肉の策が青春18きっぷの旅だったのである。当然、ホテル代や食費などは自費で、実際、旅を始めてみると大変だった。コンビニやスーパーなら駅やホテルの周囲にあるが、大学は田舎の広大な敷地にあることが多く、バスを使わなければならない。山口大学や静岡大学は電車の時間の関係でタクシーで往復した。十円の駄菓子のために数千円もかけたことになる。

沖縄はプライベート旅行のついでにレンタカーで取材した。琉球大学では一本一本に魂の籠もった手書きのポップが添えられて売られ、本島最南端の喜屋武《きゃん》岬の駄菓子屋で最も売れていたのはやさいサラダ味だった。金はかかったが面白かった。そして今回、北海道の最北端で売られているうまい棒の味を探りにいくのだ。

というわけで稚内の話に戻る。札幌から稚内までの特急のページも調べてみるが五時間程度かかる。料金は片道約一万円。一応、新千歳空港から稚内空港まで飛行機という方法もある。しかし、空港まで行く時間、搭乗手続きなどの時間を考えると結局五時間以上かかり、費用も片道約二万五千円。青春18きっぷなら約十日分だ。

高速バスならどうだろう。パソコンを開き、インターネットにつないで調べてみる。

あった。約六時間。特急や飛行機だと約五時間かかることを思うと早く感じられる。しかも値段は片道五千円程度で深夜バスがある。宿泊代も浮くではないか。この旅では宿泊も誤算だった。昔は在来線の夜行列車があったようだが、今はないのだ。よって毎日、十五時くらいになると、その日、到着しそうな場所を予測し、当日割引のあるホテルを探すのである。

今晩は宿泊代がいらないことも嬉しかったが、それよりも久しぶりの高速バスにテンションはあがる。しかも夜まで時間ができた。札幌在住の友人たちに連絡し、彼らがたむろしているスキーショップへ遊びにいき、入れ替わり立ち替わりやってくる濃い人生を歩んでいるスキーヤーや冒険家たちと一日中、話していた。

「稚内でしょ？　すいてるって。予約なんかいらないべ」

頭の片隅で気にかかっていたバスの予約も、豪快な彼らと話しているとどうでもよくなってしまう。すすきので飲んだ後、見送られるようにしてタクシーで札幌駅近くの中央バスターミナルに向かった。大きな待合室は、かなりの人でにぎわっていた。意外に混んでいるではないか。「満席」の文字が頭をよぎり、急に焦り始める。

案内板を眺めていると北見、網走などの地名はあるが稚内の文字が見当たらないのでさらに焦る。窓口で尋ねると、稚内行きはここからの出発ではないと言う。札幌駅周辺には高速バス乗り場がいくつもあるらしい。稚内行きは、ここから十分ほど歩いたところにある大通バスセンター出発らしい……って、さっきまで飲んでいたすすきのの近くではないか。時間をつぶすために飲んでいたのに今度は時間がない。

飲んでいたメンバーの誰一人、すすきのにバスターミナルがあるなんて言っていなかった。考えてみれば、あの人たち普段、車移動じゃないか。高速バスなど使わないのだ。笑っている友人たちの顔を思い浮かべながら、一月の極寒の札幌市内の繁華街を走った。

中央バスターミナルと比べ、こぢんまりとした待合室には数名しか座っていなかった。

バスの乗車券を購入し、自動販売機でスポーツドリンクを買い、椅子に座るとペットボトルの半分以上を一気に飲み、大きな息を吐いた。静かな待合室の中で騒々しい動きは浮いていた。

「帰省なの？」

椅子を一つ挟んで隣に座っていた初老の男性から声をかけられた。グレーの毛糸のニット帽で耳を覆うようにし、無精ひげを伸ばしている。

「取材なんです」

いつもなら人見知りが邪魔をして、「は、はい」と口を濁して会話を終わらせるが、多少、酒も入っていたことで気が大きくなっていた。どこかマスコミの雰囲気をにおわせ、見栄を張りたかったのだろう。

初老の男性の後ろに座っていた大学生らしき男性も眺めていた携帯電話から顔を上げて僕の顔を見た。その時、ふと我に返り、「しまった」と思ったが時すでに遅し。

「へぇ〜、何の取材なの？」

初老の男性は着替えと時刻表くらいしか入っていない僕の大きめのリュックに目をやった。とても「北海道の北の端で売られている『うまい棒』を見にいく」とは言えなかった。

「お菓子の取材なんです」

嘘は言っていない。お菓子というより駄菓子だけれど。

「稚内に有名なお菓子なんてあったっけ？」

彼は食いついて離れなかった。後ろの青年も携帯電話に視線は戻しているが、ボタンを押す手の動きは先ほどより遅くなり、耳の意識がこちらに向いている。

仕方なく、うまい棒の旅の話をした。札幌市内のコンビニエンスストアや北海道大学の生協で売られているうまい棒を取材してきたのだと。どん引きしている表情を見て、面白い話をしなければと全国のうまい棒行脚の話をして、どんどん空回りしていく。

「おかげで楽しかったよ」

乗車案内のアナウンスが流れると初老の男性は助かったという表情で逃げるようにバスに乗り込んでいった。青年は冷めた視線をちらっと向け、僕の脇をすり抜けてバスに乗り込んだ。

気づくと、どこからともなく湧いてきたかのように続々と人が集まり、バスに乗り込んでいく。このバスは席が決まっている予約指定制ではなく、定員だけ決まっている予約定員制のバスだった。つまり自由席なのである。初老の男性は自分の好きな席を選ぶために急いで乗り込んだのかもしれない。彼は後部座席の窓際の席を陣取り、既に首枕に空気を入れている。かなり移動に慣れているようだ。

うまい棒の話をして、しかも空回りした精神的ダメージは大きく、近くに座るのも気がひけ、前の方の窓際に陣取った。待合室での失敗はともかく、久しぶりの高速バスの座席に座ったら再びテンションが高くなってきた。青春18きっぷで使用する在来線ではリクライニングシートはないので、久しぶりとなる席を倒すという感覚は優雅にさえ感じた。しかも三列シート。あっという間に眠りに落ち、それはそれは快適な六時間の旅だった。

到着は朝の六時。トランクに預けた大きなリュックに、車内で結局、使用しなかったヘッドホンとほとんど飲まなかったペットボトルのミネラルウォーターを入れていると初老の男性が声をかけてきた。

「昨晩、面白い話をありがとう。あんたの話を聞いたら勇気が出てきたよ。どんなバカげたことでも一生懸命やってたら仕事になるんだね。がんばってね」

あれ？　褒められたのか。でも、「バカげた」と言っていた。それでも昨晩の失敗に対する落ち込みが多少は薄らいだ。

そんなことよりも寒い。本来、札幌と稚内を結ぶ高速バスは稚内駅に到着するが、深夜バスは稚内港に到着する。港なのだ。稚内は最北端とはいえ、そこまで寒くないと札幌在住の友人たちは言っていた。それは帯広のようにマイナス二十度近くになる地域と比べればの話である。稚内のマイナス七度は東京に住んでいたら味わうこともない寒さなのだ。しかも港は海風が激しい。バスの中で温められた身体は、すぐに冷えきった。

風を避けるために北防波堤ドームへ逃げ込んだ。昼間であれば壮大な構造物なのだろうが、まだ太陽が昇らない暗い中では不気味なトンネルにしか思えない。仕方なく五百メートル先の稚内駅まで歩いていく。

稚内駅からはさらに三十キロ離れた宗谷岬までバスに乗らねばならない。宗谷岬に向かうバスの始発は意外に早く、五時台にあるが既に出発した後で、次は約二時間後。寒さに震えながらキリル文字の表記が目立つ稚内駅周辺を彷徨《さまよ》った。そうか。稚内はロシアに近いのか。ロシア人もうまい棒を食べるのだろうか。

結局、うまい棒の本は出ていない。一か月の取材の途中で編集者にメールを送っても返ってこなくなり、ちょうど稚内に来ている頃に出版社は倒産していた。その後、どこからもうまい棒の本を出しませんかというお声はかからない。やはり「うまい棒の旅」はバカげているのかもしれない。

ちなみに最北端のうまい棒は宗谷岬に行く途中で見かけたコンビニエンスストア「セイコーマート」に売られていた。チーズ味だった。

バスの乗り間違えは新たな始まり（イタリア）

首にバンダナを巻き、ボーダーシャツ姿のイタリア人がゴンドラを漕ぐ優雅なイメージとはかけ離れている。あれは夏のヴェネチアなのだと今頃になって気づいた。僕はサンタルチア駅の前から出ている水上バスに乗りながら震えていた。冬の北イタリアであることに加え、船の上を吹きつける風。利きすぎていた電車の暖房が恋しい。しかも細かく停泊していくので、のろのろと進む。こんなことなら歩いた方がよかったのかもしれない。宿泊するホテルに近いサンマルコ広場まで歩くと四十分はかかるが土地勘もつくし、街を散策しながら行けばいい。ただ、その気力がなかった。

到着するまでトラブルが続いた。ローマからミラノまでの深夜特急では、酔っぱらったイタリア人の若者に「ここは俺の場所だ」とベッドを奪われそうになり、よく眠れないまま到着したミラノの街中で財布を落としたことに気づき、パスポートケースに忍ばせておいたクレジットカードで駅のATMから紙幣を引き出して、宿泊予定だと思っていたホテルに向かうと予約日が間違っていた。ヴェネチア、ミラノの順でホテルを取っていたのだ。ならば日程変更してもらおうとしたが満室だった。仕方なく再びミラノ駅に戻り、電車で二時間ほど揺られ、ここまでやってきたのだ。

防寒ジャンパーを着た係員の中年男性が杭にロープをからめて停泊し、ぱらぱらと乗降客がすれ違い、杭からロープをはずして出発していく。その度にボイラーのようなエンジン音が響き渡り、船独特の油のような臭いが漂う。三十分ほどかけて、ようやくサンマルコ広場までたどり着いた。幻想的なサンマルコ寺院と人の少なさ。冬のヴェネチアも悪くないではないか。

気力を取り戻したのも束の間。リュックを置きにいこうとローマに住む日本人の友人が予約してくれたホテルを探し始めたが見つからない。迷路のような石畳の街を彷徨い、いつしか自分がどこにいるのかわからなくなってしまった。気づいたら一時間近く経っている。雑貨屋のような店に入り、住所とホテル名が書かれたメモを見せるが、香水がきつい厚化粧のおばさまは指で方向を指すだけ。それしか説明しようがない街なんだけれど。歩いている途中で出会った住民と観光客にも聞いてみるが首を横に振る。いつしかサンマルコ寺院に戻ってきていた。寺院内に入っていき、そろそろホテルの場所を教えてくれませんかと神にも頼んでみる。

寺院から出たところで雑談していた警察官二人組を見かけ、メモを見せた。二人とも「ホテル？」と首をひねり、眉間に皺を寄せながらも書かれた住所の方向を指す。雑貨屋のおばさまと同じように。やはり、彷徨っていた小道の方にあるらしい。

書かれた住所には石造りの普通の家があるだけでホテルらしき建物など見当たらない。ここはホテルの事務所なのかもしれないとインターホンを押してみる。二階の窓から白髪頭の老婆が顔を出した。「うるさい！」といった感じで明らかに怒っている。やはり個人宅だ。「すみません」と日本語で謝る。いや、待てよ。今、あの老婆は手招きした気がする。もう一度、上を見上げると既に窓は閉まっていた。気のせいかと思った瞬間、「カチッ」と目の前の扉の鍵がはずれる音がした。えっ？　ホテルって、ここなのか。もう一度、ローマ在住の友人が書いてくれた「ヴェネチアのホテル」の殴り書きに目を落とす。重い扉を開くと屋根裏部屋にでもつながっていそうな急な細い階段が現れる。

家の中にもかかわらず、鳥のさえずりが聞こえるのは何なのだ。階段を上がるにつれ、さえずりは大きくなる。二階に上がると部屋中、鳥かごで覆われていた。その鳥かごの間に老婆が立っている。怖い。杖を持たせたら魔法でも使いそうだ。

「ヴェネチアはホテルが高いから一人旅で泊まるのはもったいないよ。友達に聞いた場所があるからそこにしなよ。しかもサンマルコ広場から近いから便利だし。私は泊まったことないけど」

友人の悪戯《いたずら》っぽい笑みを思い出した。

「チャオ」とイタリア語の挨拶を口にしてみたが老婆からは何も返ってこない。僕の脇を通り抜け、急な階段を三階までよじ上るように上がっていく。この老婆は、いったいいくつなんだ。この鳥は何なのだ。でもって、ここはいったい何なのだ。

「●×▽▲……」

上で老婆が怒鳴っている。「何しているんだ？　早く来い！」とでも言わんばかりに、老婆とは思えないほど素早い動きで手招きをしている。

ベッドが二つ置かれただけの質素な部屋に案内された。通路側のベッドはシーツはかけられているが乱れ、荷物も置かれている。窓際のベッドはむき出しのマットの上に畳まれたシーツと毛布が無造作に置かれていた。彼女はシーツを手に取り、片端を持って放り投げるようにシーツを開いた。呆然と立ち尽くしていると「気がきかないねぇ。そっち持って」といった感じで顎で指図され、ところどころ破れたシーツの端を持ち、ベッドメイキングをした。

「ジャポネーゼ？」

彼女が唯一、発した言葉に「シー（はい）」と答えると隣のベッドを指した。どうやら日本人と相部屋のようである。一言しか発していないのに彼女の言っている意味がわかるから不思議だ。彼女は家の鍵を渡し、奥のトイレとシャワールームの場所を指すと下の階へ消えていった。

目の前にボロボロとはいえ、シーツが敷かれたベッドがあることに安堵感を覚え、倒れ込んだ。そのまま眠ろうかと思ったが「クックー」という音が気になる。目を開けるとベッド近くの窓に鳩が止まり、僕の顔を眺めていた。窓枠のところは鳩の糞で真っ白になっている。家主が鳥好きということは鳩にもわかるのか。いや、あの老婆なら、ここにも餌をまいていそうだ。

「ここにたどり着くまで大変だったんだよ」

鳩に語りかけていた。

階段を上ってくる足音が聞こえ身体を起こす。若い日本人男性が部屋に入ってきた。僕の顔を見ると「どうもっ」と頭を下げた。いかにも旅慣れていそうである。ギリシアに長期滞在した後、ヴェネチアにやってきたそうだ。リュックから取り出したビスケットをほおばりながら、ヴェネチアの物価が高いことを嘆き、霊柩車ならぬ霊柩船に棺を載せるところを見た話をしてくれた。

「ここわかりにくいっしょ？　歩いてきたんすか？　水上バス？　ヴァポレットっすね」

ところどころに小さい「っ」や「ん」を入れ、軽いノリでヴァポレットの説明をしてくれた。「公共交通機関なのに一回の乗車でタクシーの基本料金より高いっすね」と僕も小さい「っ」を入れながら知ったかぶって言ってみた。

「えっ？　フリーパス買ってないんすか？」

僕がガイドブックも持たずにヴェネチアへ来ていると言うと、彼はあきれ気味に観光案内所で配っているらしき地図をくれた。

「これ今日の夕方まで残ってるんすけど、あげますよ。もう、この街出ちゃうんで。駅まで行く途中に寄りたいところあるんで歩いていこうと思って」

そう言って二十四時間のヴァポレットフリーパスを渡してくれた。「払いますよ」と言って一万リラ（当時、ユーロではなく、まだリラだった）を差し出した。

「えっ？　いいんすか？　ありがとうございま〜す！　じゃ、よき旅を」

彼はリュックを持って風のように去っていった。

彼の活力に僕も感化され、外に出た。美しい街並みを歩き、木製のアカデミア橋など三つほど橋を渡っているとテーマパークを歩いているような気分になる。冬は観光客も少なく、車が乗り入れていないせいか活気のある街というよりは静かな街に感じられる。時折、ヴァポレットが鳴らすクラクションが石造りの家々に反響する。

せっかくフリーパスを持っているのだからと、近くの乗り場に停泊中のヴァポレットに飛び乗る。行先は確認していない。水上から眺めるヴェネチアの街を楽しんで適当な場所で降りよう。この島の大きさであれば、どこで降りても、さほど問題ない。もし、迷ったら、また乗ればいいのだから。何と言ってもフリーパスなのだ。

サンタルチア駅から乗った時は座れなかったが、この船は空いていて、椅子にすんなり座ることができた。船内は地元客と観光客が入り交じっているが何となく違いはわかる。服や身につけているカメラでもわかるが視線が違う。地元客は見慣れた風景なので、景色などほとんど見ていない。新聞を広げている人もいる。

サイレンの音が聞こえ、船が水上タクシーの脇を駆け抜け、我々の船の前を突っ切っていった。観光客の中から「ポリス」という英単語が飛び出したところから察すると、パトカーならぬパト船のようだ。やはり船が生活の中に入り込んでいる。

ようやく旅の慌ただしさも一段落して、街を味わっているような……あれ？　船が島からどんどん離れていく。別の島に行くようだ。だから、この船は空いていたのか。おいおい、まだトラブルが続くのか。決して急ぐ旅ではないけれど、今日中に戻れなかったら困る。あの老婆が怒る顔が浮かぶ。先ほどもらった地図も、置いてきてしまった。だいたいこのフリーパスで乗って大丈夫なのか。観光客も乗っているので彼らが降りる場所で一緒に降りよう。そうすれば戻ってくることはできるはずだ。

「ポリス」と叫んだ観光客が、今度は島を指し、「セメタリー」と言っている。墓の島に行くのか。そういえば貿易が盛んだったヴェネチアはペストがよく流行し、その際、周囲の小島にペストにかかった人を隔離したという話を何かで読んだことがある。

墓は、その名残りなのかもしれない。墓で降りる準備をしていたが観光客たちに降りる様子はない。小さな花束を持ったイタリア人の中年女性が二名、降りただけだった。

僕も迷ったが降りなかった。

観光客はいったいどこに向かうのだろう。どんどん不安になり、「ポリス」「セメタリー」と叫んでいた欧米人の中年女性の元に近づいてみた。彼女は椅子につかまり、立ったまま、何か面白いものはないか、きょろきょろしている。思いきって、この船はどこに行くのか、片言の英語で尋ねてみた。

よくぞ聞いてくれました、といった調子で「ムラーノ」と大きな声で答え、彼女の豊満な胸のポケットに入っている地図を出して説明してくれた。ガラス工房が多く、ヴェネチアングラスで知られた島らしい。彼女の派手なパフォーマンスと大きな声のおかげで周囲の乗客の冷ややかな視線を浴びる。「遠い?」と聞くと、「ニア、ニア(近い、近い)」と返ってきた。

「ジャパニーズ?」

彼女は、船内の空気にびくともしないで興味津々に聞いてくる。「イエス」と戸惑いながら答えると彼女はトートバッグから小さな写真が入れられたファイルを取り出した。どうやら彼女が行った旅の写真が収められているようだ。日本に行ったことがあるのよと見せてくれた写真は香港だった。否定するのも悪いので「グッドフォト」

と言って親指を立てた。

出発して約二十分。茶色の煉瓦《れんが》で覆われた美しい島が現れた。あれ？　こちらの島の方が好きかもしれない。乗り間違えが新たな始まりになることもあるようだ。よし、この島を歩き回ろう。船が減速するにつれ、気分が高揚してきた。いや、待てよ。彼から譲ってもらったフリーパスの時間は残り二時間だったはずだ。

夜行バスは「どこでもドア」(青森)

岡山から東京まで戻ってきた。このところ子供ショーで全国を駆け巡っている。明日は一日休んで明後日は青森入り。旅は好きだが、こう慌ただしいと、その土地に身体が馴染む前に移動することになる。自分の肉体をスケジュールに合わせて運んでいるだけのような気にさせられる。疲労だけが蓄積していき、旅の記憶は残らない。

大道芸の道具が詰まったトランクを引き、新幹線の改札口を出て中央線の乗り場へと向かった。ここから自宅までさらに約一時間かかる。乗り換えや駅から自宅まで歩くことを考えるとため息がもれた。

「高速バスの乗り場はどこですか?」

JRの職員に尋ねている女性の声が聞こえ、ふと思った。東京駅から青森行きの夜行バスは出ていないのか。もしあれば、今から乗れば明日の朝には着くだろう。そうすればショーのある三日後まで青森で時間を過ごすことになり、現地の空気に頭も身体も馴染ませることができる。

質問していた女性の後を追うように八重洲口の改札を出た。

案内所の電光掲示板には名古屋、金沢、大阪、広島、出雲、高知など様々な夜行バスの行先の文字が見える。その中に青森の文字もあった。

「どこでもドア」を見つけたようで嬉しくなり、そのままカウンターで空席があるか聞き、チケットを購入していた。鞄の中には羽田から青森まで飛ぶ航空券も持っているのに。明日、青森に着いてから考えればいい。どこかで払い戻しはできるはずだ。取消手数料をどれだけ取られるかわからないが、飛行機の航空券は約二万円、バスの乗車券は七千円なのだからバス代分くらいは戻ってくるだろう。ひょっとしたら、かなりの金額が戻ってきて、明日のホテル代、いや、それどころか食事代の一部もまかなえるかもしれない。さっきまでの疲労感が高揚感へと変わっていく。

売店でウィスキーの水割りの缶を手にして、つまみを探る。出発まで約二時間。小さな待合室のベンチの端の席に座り、脇に置いたトランクをテーブル代わりにして、水割りの缶とバターピーナッツを置く。リュックから、ここ数日の出張の間、一度も開くことがなかった文庫本を取り出した。

コンサート帰りなのか、紙袋から応援しているアイドルの団扇《うちわ》が出ている二十代後半くらいの女性三人組、手をつなぎ、別れを惜しむカップル、くたびれた革靴を履き、缶コーヒー片手に一点を見つめる高齢の男性、就活なのかスーツが身体に馴染んでいない青年……夜行バスが出発する時間帯は様々なドラマが想像できる。現代では、こういった場所は貴重なのだ。

青森行きのバスが到着したことを知らせるアナウンスが流れ、再び売店に向かい、ミネラルウォーターのペットボトルとミントタブレットを購入し、乗り場に向かう。

トランクルームに荷物を預ける際、運転手から「壊れ物はないですか？」と聞かれ、「ありません」と答えながら、トランクの中に詰まった洗濯物のことを思い浮かべた。これも青森に着いてから考えることにすればいい。コインランドリーがあれば、読書でもしながら済ませればいいし、もし、見つからなければホテルのバスルームで缶ビールでも飲みながら手洗いすればいいだけのことだ。

青白い灯りに照らされた車内はブルーを基調とした三列シート。客は僕を含めて十名程度。平日の夜は、こんなものなのかもしれない。前から三列目の左端が、これから九時間、僕のスペースとして与えられている席である。後ろの席は誰も乗っていないので気兼ねなくリクライニングシートを倒すこともできる。

既に窓際のカーテンは閉められていた。カーテンを少しめくると先ほどまで自分が立っていた場所が別世界のように見える。夜行バスは外の世界から隔離された時間を感じさせてくれるから好きなのだ。

「狭い車内ではございますが、ゆっくりおくつろぎください」

低い声の運転手はマニュアル通りの挨拶を終え、車内には、ぎこちない静けさが漂う。その静けさにバスの音と振動がうっすら馴染んでいく。

耳にイヤホンを差し込み、スガシカオのアルバムを聴き始めた。長距離バスに乗る時は邦楽を選ぶことが多い。集中力がない僕は、普段の生活では様々な意識が邪魔をして歌詞を味わうことができないが、長距離バスに乗ると多少は歌詞を丁寧に味わうことができ、音と歌詞が旅の記憶と一緒に刻まれる。とはいえ、夜行バスだと二曲か三曲聴いたところで眠ってしまうのだけれど。

九時間は長いようで短い。乗ってしまえば、また、寝てしまえば、あっさり青森駅に到着する。夜行バスは早朝の静かな街に、ひっそり降り立つイメージがあるが、青森便は到着が八時過ぎ。通勤ラッシュ真っただ中の慌ただしい駅前に放り込まれる。七月に入っているとは思えず、涼しいを通り越し、肌寒い。東京とは気温が十度は違うだろう。やはり「どこでもドア」だ。

人目を気にしながらもトランクを開け、コンパクトに折り畳んだ雨用のウィンドブレーカーを取り出して羽織った。さて、この後、どうするか。明後日の子供ショーは、ここからさらに百キロほど北に位置する下北半島はむつ市で行われ、宿泊するホテルも同じ。青森駅から下北駅までは青い森鉄道と大湊線を乗り継いで約二時間かかるようだ。今日は青森市内のホテルに宿泊し、明日、むつ市に移動するか、もしくはこのまま一気にむつ市まで行ってしまい、同じホテルに前倒しで一泊させてもらうか。気分的には青森市を散策して宿泊したいが、それだと結局、明日も移動することになり、気持ちの忙しなさは変わらない。だとしたら、このまま、むつ市まで行って少しでも長く滞在した方がいい。

駅にある一間ほどの間口の立ち食いそば屋に入り、めかぶそばの大盛りを一気にかき込み、通勤客と遅刻気味（おそらく）のブレザー姿の高校生をかきわけながら青い森鉄道に乗り込む。

下北駅までかなりの距離を移動してきた気はするが、それでも、まだ午前中だ。夜行バスは時間を得した気分になる。

もし、ホテルに空室がなかったら……と思ったが、その心配もなく、チェックインしていいですよとも言われ、部屋に荷物だけ置き、そのまま街を歩き始めた。

食堂、スーパー、銭湯など滞在中に立ち寄りそうな場所を物色しながら散策する。特に探していたコインランドリーは見つからなかった。

下北駅まで戻ってくると赤と白のツートンカラーの路線バスが停車していた。行先は「恐山」。文字面だけでも迫力があるのに、その前に「霊場」とまで添えられている。「恐山」は「イタコ」くらいしかイメージは湧かない。その「イタコ」でさえも人生の中でお目にかかったことはなく、説明しろと言われても、死後の世界とつながっている人、というあやふやなことしか言えない。死を身近に感じさせる山には違いないのだろう。そんな場所へ特に行きたいとは思わないが時間は腐るほどあるのだ。明後日まで予定はないのだから。

とにかくバスに乗ってみる。首から一眼レフのカメラをぶら下げた高齢者の夫婦が一組とスピリチュアル系が好きそうな丸眼鏡をかけた若い女性が一人乗っていた。彼女に「イタコ」の話を聞いたら、延々と語ってくれそうだ。

　車内では「一つ積んでは父のため……」という強烈な歌詞の唄が流れ始め、車窓を見ると山のところどころに小さな地蔵が立っていることに気づく。やはり霊場なのだ。赤い頭巾と赤い前掛けをしているので幼子に見える。最初のうちは気づく度に車内から手を合わせていたが、あまりに多いのでやめてしまった。

　しばらくするとバスが停車し、運転手のアナウンスが流れる。「水を飲みたい方はどうぞ」と。ここは「冷水峠」と呼ばれる分岐点のようだ。降りると道の脇に数台の車が停まり、地元民らしき人たちがタンクに水を詰めている。荷物を後ろに積んだバイクも二台停まり、黒の革のつなぎを着た男性二人組がひしゃくで水を飲んでいた。

　案内板には恐山は八六二年の開山とあり、この水は不老水と書かれている。つまり死に逆行する水なのだ。苔に覆われた岩の上に竹の注ぎ口が刺してあり、その先から冷たい水が流れ、脇にはひしゃくも置いてある。

　バスに一緒に乗っていた高齢者夫妻の旦那様が奥様に冷水峠の説明をしながら手を洗っていた。ここが俗界と霊界の分かれ目で冷水を一杯飲めば十年、二杯飲めば二十年、三杯飲めば死ぬまで若返ると言われているらしい。奥様は、またうんちくが始まったわといった感じで、「へぇ」と相槌をうちながら、水を口に含み、「あぁ、美味しい」と旦那様の説明にかぶせるように言った。彼女は旦那様の説明を、ほとんど聞いていない。旦那様もそれに対し、怒るわけでもなく、自分の言いたいことが話せれば気が済むようだ。

僕も冷たい水で手を洗う。神社で言えば手水鉢のような感覚なのだろう。ここで手を清め、口をゆすいでから霊場に向かうのだ。

バスはさらに山を登っていく。再び物悲しい唄が流れ始め、その後で「一つでも多くの小石を積んでください」とつぶやくガイドの声は、やはり物悲しく、おどろおどろしい。

山道が急に開けると左手に湖が見えてくる。水際には白い砂浜があり、霧が似合いそうな赤い小さな橋もかかっている。「三途の川」と呼ぶらしい。

「ゴゴ……」と砂利が敷かれた駐車場をバスが音を立てて進んでいく。どうやら終点のようだ。バスを降りると硫黄の臭いがツンと鼻を刺す。霊場の入口門をくぐると、左手にはごつごつした白い御霊石の山が見える。まるで頭蓋骨を積み重ねたようだ。死後の世界に入り込んだような不思議な感覚に陥る場所である。「どこでもドア」の先は死後の世界か……あ……。そういえば羽田から青森までの航空券は、この近くで払い戻せるのだろうか。急に不安になってきた。まだまだ僕は俗界にいるようである。

バスに賭けて負け、荒野に降り立った男(ラスベガス)

手持ちの百ドル紙幣はスロットに全て飲み込まれた。現実感がないままカジノの外に出るとラスベガスの夏の太陽が容赦なく襲う。

目抜き通りのストリップ通りに停まっている二階建てバスが目に留まり、ポケットに手を突っ込み、バスのフリーパスを確認して飛び乗った。大丈夫だ。まだ、フリーパスを確認するだけの余裕はある。そう自覚した途端、現実に引き戻される。翌日の出発を控え、空港までのタクシー代だけ残し、全ての百ドル紙幣をカジノに突っ込んだ。そして、あっけなく負けた。手に汗握るような盛り上がりもないまま。そして、消えた数百ドルで吉野家の牛丼が何杯食べられたかという計算を始めるという未練がましさ。後悔が怒濤のように押し寄せてくる。

バスは、いつものようにほとんど動かない。昼間のストリップ通りは常に渋滞していて、歩いていった方が早いくらいだ。しかし、この暑さに耐えきれず、涼むだけの目的で乗り込むことも多かった。今日もアスファルトの輻射《ふくしゃ》熱とビル熱で体感温度は四十度を超えているだろう。

車窓に映る観光客の中から笑顔以外の人を探していた。「あの人は負けたっぽいな」などと自分と同じようなカジノで負けた人を探して安心しているのである。最悪だ。

カジノの入口で、マイクを使って呼び込みをしている細身の中年男性に目が留まる。二、三日前の朝、散歩している途中で「オハヨウゴザイマス」と日本語の挨拶で声をかけてきた男だ。僕が片言の英語しかできないことがわかると英語と日本語を交えて自己紹介してくれた。本職はダンサーで日本にも仕事で来たことがあり、温泉街にある旅館の宴会場のショーやディナーショーで踊っていたらしい。ラスベガスでダンサーの仕事だけで生きていくのは大変だと嘆き、こうした呼び込みも含めたMCをしたり、ダンス教室の講師をしたりしながら暮らしているようだ。将来はラスベガスのショーで振付をしたいとも言っていた。地道な努力と挑戦を続ける彼をあの朝は心から応援していたが、今はうまくいっていない彼を見て安堵している。最悪だ。

自己嫌悪で目を閉じるが、カジノの記憶がよみがえり、再び目を開けると建ち並ぶ豪華絢爛なホテルに虚しさを覚える。逃げ場がない。バスは短い距離で停車する。その度に大量に乗客が吐き出され、その後で暑さから逃れようとする観光客が流れ込んでくる。再び目を閉じた。

押し寄せる負の感情に振り回されながら四十分くらい乗っただろうか。次第に乗客の数が減り始め、バスはダウンタウンに到着した。バスを降りるが特に目的もない。自然と数日前に訪れたフリーモントアーケードに向かう。夜になるとクイーンなどの曲が大音量で流れ、それに合わせ、天井には映像が流れる圧巻のショーが観られる場所だ。

夜はあれだけ華やかだったアーケードは昼間は寂れた商店街である。この中にもカジノが建ち並ぶ。客はまばらだ。気づいたら入口近くのスロットに座っていた。十ドル分のコインを手にして。あっという間に吸い込まれた。気づくとATMを探していた。クレジットカードでキャッシングしようとしていたのである。

「なにやってんだか」

ギャンブルをやってはいけない男の典型である。歩き回ることが怖くなり、目についた寂れたシネコンに飛び込み、六ドルのチケット代をクレジットカードで支払い、コメディ映画を観た。客は僕と席二つ分くらい使いそうな大柄の黒人女性と彼女の子供の三人だけ。ストーリーは全く頭に入ってこず、黒人女性の大きな笑い声と、バケツのような大きなコーラのコップをストローで飲み干す「ズコッ」という音だけが耳に残った。

映画館を出るとカジノを避けるようにバスターミナルを探す。停まっていた二階建てバスに逃げ込むように乗り込んだ。バスにさえ乗り込めば大丈夫。「ざまあみろ」と小さくつぶやく。周囲から見たら危ない東洋人だろう。

バスの行先は確認しなかった。どうせカジノで遊べないんだったら、バスで賭けをしてやろうじゃないか。どこに行こうが知ったこっちゃない。終点で降りて散歩するのだ。そう思いつつも、どこかでストリップ通り方面に向かうだろうと高をくくっていた。

ラスベガスに来てから一週間になるが初めて二階建てバスの一番前に座ることができた。目抜き通りで乗るバスはいつも混んでいるのだ。

通路を挟んだ反対側には眼鏡をかけた若い男性が座った。座るとおもむろにリュックからA4サイズの参考書のようなものを取り出し、勉強を始める。とてもカジノで遊ぶようには見えない。カジノでアルバイトをしている学生なのだろうか。地に足をつけている人を見るのは今はつらい。

バスは走り始めると目抜き通りの方向ではなく、東へ走り始めた。「行くなら行ってみろ」と思っていたくせに、「あれ？　どこ行くの？」と気弱な自分が現れる。「いや、所詮、バスなのだ。降りた場所の反対側のバス停から乗れば元の場所に戻ってこられるんだから」と不安を振り払う。

こうなったら郊外のカジノで、もう少し勝負してやろうじゃないか。ラスベガスは郊外にもカジノが多い。地元のテレビでカジノのCMも流れていた。当然、ラスベガスの住民もカジノで遊ぶのだ。日本でパチンコをするように。「住む人の目線で旅をしなければ、ラスベガスのことなんて書けやしない」と自分を正当化し、ポケットのマネークリップに挟んである十ドル紙幣の枚数を確認した。

バスの外はあっという間にアメリカの田舎町のような風景に変わっていく。映画によく登場する車で入る「モーテル」と呼ばれるホテルが両側に現れ始めると観光客は見当たらなくなり、散歩どころか歩いている人の姿も見かけなくなっていく。

いつしか反対側に座っていた若い男性はバスを降り、代わりに若い父親と五歳くらいの息子の親子が乗った。子供はフロントガラスにへばりつくように二階からの景色を楽しんでいた。

車窓から見える景色は大型のスーパー、ガソリンスタンドなどがぽつりぽつりとあるだけで建物は徐々に減っていき、荒れ地の割合が多くなっていくように感じられる。ラスベガスは砂漠の中に造った街だということを教えてくれた映画『バグジー』を思い出す。映画のモデルになったベンジャミン・シーゲルは、よくこんな場所にカジノ付きの大ホテルを建設することを思いついたものである。

通路を挟んだ反対側の席の親子も降りてしまい、その後、中年の太った男性が代わりに乗って降りた後、ついに二階の乗客は一人だけになった。だんだん不安になってきた。このまま砂漠の中で降ろされたら、どうすればいいのだ。二階席の車内を歩き回り、路線図を探す。たとえあったとしても、車内アナウンスがあるわけでもなく、どこのバス停なのかわからない。降車ボタンを押さない限り、乗客がバス停で待っていない限り、バスは走り続ける。

ついに荒涼とした土地の中に看板が立っているだけの場所が現れた。一時間も乗れば終点に到着すると思っていたが携帯電話の時計を見ると既に二時間近く経っている。

ここまで二時間ということは、帰りも二時間かかるということである。このまま行くと本当に砂漠の中で彷徨うことになる。ギャンブルに負けて砂漠で彷徨うなんて、なかなかできることではないではないか……なんて、これっぽっちも思わなかった。不安を超え、恐怖に駆られ、咄嗟《とっさ》にボタンを押し、急いで降りた。

よりによって降りた場所は見事に何もなかった。離れた場所に人の気配がない建設中のスーパーと「ディスカウントリキュールショップ　カミングスーン」の看板があるだけである。せめて人の気配の感じられる場所で降りればよかった。

戻るバスは反対側に来るはずだ。広い道路を横切り、バス停らしき場所を探す。公営バス「CAT」と書かれた小さな停留所を見つけ、ほっとする。しかし、時刻表などない。ということは、いつやってくるのかわからない。当然、待っている人もいない。

それにしても暑い。街中に比べればビル熱がないだけいいのかもしれないが暑いことには変わりはない。蜃気楼のようにはるか向こうにラスベガスで一番高いストラトスフィアタワーが、かすかに見えることだけが希望だった。

建物が見えるということは歩いていけばいいではないか。どれくらいかかるのかは見当もつかないが、それくらいの気概を見せてもいいだろう。そうすれば賭けに負けた罰ゲームとして自分の中では納得する。

しかし、歩き始めて十分もしないうちにすぐに限界がやってきた。喉が渇き、ウエストバッグに手を突っ込み、ペットボトルを手にし、「あつっ」とつぶやく。湯になっている。なんという暑さだ。

それでも水分をとっておかねば脱水症状になってしまいそうだ。湯になったミネラルウォーターを口に含んで立っていると視線を感じる。信号待ちで反対側の車線に停まっている乗用車の中の老夫婦だ。助手席に座るアメリカ人の高齢者の女性は心配そうに僕を見ている。声でもかけてくれたら僕は迷わず乗り込むだろう。しかし、行ってしまった。

これで今、横をバスが通り過ぎていったら発狂するだろう。ギャンブルに負け続けた今なら可能性は十分あり得る。しかも数時間に一本だったら……と思うとぞっとした。しかし、この人の少なさだったらあり得ないことではない。

先ほどのバス停まで走って戻った。日除けもないバス停にはベンチとドラム缶のゴミ箱だけが置いてある。ゴミ箱の中には律儀に黒いゴミ袋が設置されている。そこに人の気配を感じ、安心し、石のベンチに座る。「あつっ！」と飛び上がる。灼熱の太陽を浴び、熱くて座れないのだ。その脇にしゃがみ込み、時折、お湯になったペットボトルの水を口に含む。携帯電話を何度も取り出し、ほとんど進んでいない時間を確かめる。もし、バスが来なかったらどうしよう。ホテルに戻れなかったらどうしよう。よからぬ想像ばかりが膨らんでいく。

タクシーならクレジットカードで乗れるだろうか。二時間も乗ってきた場所に戻るのにいったいいくらかかるのだろう。そもそも、こんな場所にタクシーなんてくるのだろうか。どうやって呼べばいいんだろう。ホテルに頼むか。ポケットからホテルのカードキーを取り出すが電話番号が書かれていない。カードキーが入っていたホテル名が書かれた紙のケースは置いてきてしまったのだ。

最悪はヒッチハイクか。金髪の怪しげな東洋人のために果たして停まってくれるだろうか。親指を立てる練習、ぎこちない笑顔の練習を始めていた。すると陽炎に揺れるバスが見えた。笑顔の練習などしなくても満面の笑みが浮かんでいた。泣きそうだった。既にギャンブルのことなどどうでもよくなっていた。無事にホテルに戻れればそれでいい。この日、わかったことがある。僕はギャンブルに向いていない。

指定席のダブルブッキングから始まった阿鼻叫喚のバス(マレーシア)

タイシルクで知られる実業家ジム・トンプソンが失踪して五十年以上経つ。彼は第二次世界大戦後、衰退していたタイシルクを復興させ、ブランドとして世界に広めたのである。しかし、彼は一九六七年、マレーシアの避暑地キャメロンハイランドで忽然と消えた。大がかりな捜索がなされたが発見されず、彼がアメリカの諜報機関に所属していた過去があることから様々な憶測も飛んだが、未だに行方も生死も謎のままだ。松本清張は、この事件を基に『熱い絹』を書いた。マレーシアの地方都市イポーで、この小説を読んでいるうちに、キャメロンハイランドに行ってみたくなり、長距離バスでやってきた。

「避暑地」と「失踪」のイメージから人の少ない静かな場所を想像していた。しかし、訪れた時期が悪かった。マレーシアの国教イスラム教のお祭りにあたるラマダン（断食）明けと重なってしまったのである。中心地「タナ・ラタ」に点在するホテルはどこも満室。何軒目かに入ったホテルで、ようやく空室を見つけたが、従業員の仮眠室のような部屋にもかかわらず宿泊料はフロント脇に貼られた表の価格の倍だった。

ホテルだけではなく街全体が、お盆の軽井沢のようだ。メインの細い通りは昼間は常に渋滞していて車は動かず、人であふれている。とても失踪について考える雰囲気ではなく、一人メシも大変だった。一人客にはレストランも食堂もいい顔はしない。そんなもん関係ねぇよと開き直れればいいが、気の小さいおじさんには無理だった。結局、二日続けてケンタッキーフライドチキンで食べる始末である。冒険家の友人が自然の中の孤独より都会の中の孤独の方がきついと言っていた気持ちがわかる。三日ほど滞在しただけで、この街を逃げ出すことにした。

中心地の外れのバスターミナルに行くとインド人と華人ばかりが集まっていた。マレーシアは華人とインド人が多く、全人口の三割強を占める。イスラム教徒以外の住民は、この喧噪《けんそう》から逃げ出そうとしているのかもしれないと思うと、どこか親しみが湧く。

イポーからキャメロンハイランドまで乗ってきたバスは、運転手が途中で荷物を届ける宅配便も兼ね自由席だったが、首都クアラルンプールに向かうバスは指定席だった。

ペナン島などリゾート地に向かうマレーシアの高速バスは革張りでゆったりした座席のバスだったので、今回もグレードが高いバスが来ることを期待した。しかし、停留所にやってきたのは排気ガスが多そうな古いバスだった。そして人生最悪のバス移動が始まる。

まず車内に入った途端、臭いに驚かされた。窓が開かないタイプのバスなので換気も悪く、生ゴミのような臭いがこもっている。乗客が乗り込むにつれ、空気がかき混ぜられ、乗客が臭いを吸収し、鼻が臭気に慣れて薄れるはずだが、一向に臭いは消えないままだ。

欧米人の乗客は一人もおらず、車内は顔が濃いインド人とTシャツの裾をジーンズの中に入れた華人たちでほぼ満席。僕の席は真ん中よりやや前の通路側。隣の窓際の席にはインド人の若い男性が座っていた。

インド人の小柄な中年男性が僕の斜め前の通路側の席に座った。ターミナルで待っている時から気になっていた男性だ。奥目でだんご鼻、口元には小ばかにしたような笑みを浮かべ、落ち着きがなく、常に何かを物色しているように見えた。スリランカで出会ったインド人の詐欺師にそっくりだった。巻き上げられた金のことを思い出すと腹が立ってくる。人を顔で判断してはいけないと、子供の頃からそう教えられてきたが、やはり、思考や生き方は顔に出るのだ。生まれた時には可愛かった顔も人生を経ていくうちに善人面と悪人面に分かれていく。彼は僕の中で悪人面に分類された。一度、そう分類されると彼の全ての行動が鼻につく。バスが出発すると同時に彼は足を通路に投げ出し、激しい貧乏ゆすりを始めた。あいかわらず周囲をきょろきょろ見回し、時折、僕の視線に気づき、目が合う。何か狙われているような気がして、パスポートやクレジットカードケースなど貴重品の入ったウエストバッグに手をやる。

走り始めて三十分くらい経っただろうか。停留所に停まり、次々と乗客が乗り込んできた。そんなに乗れるのか。一人の華人の若い男性がチケットと座席の番号を照らし合わせながら後ろの方に歩いてくる。丸顔で穏やかな童顔だ。僕の中で善人面に分類される。

一旦は僕の横を通り過ぎていったが戻ってきた。そして斜め前に座っている悪人面のインド人に自分のチケットを見せながら、マレー語で話し始めた。おそらく「ここ僕の席なんですけど……」と言っているのだろう。

悪人面のインド人はポケットからバスのチケットを取り出し、確かめながらつぶやいている。

「面倒くせぇなぁ。俺の席なんだよ」

聞き取れないマレー語の会話の予測にも善人面か悪人面かで、かなり脚色が入る。きっとインド人男性はチケットの座席番号を確かめないで、あつかましくも他人の席に座ったのだろう。悪人面のインド人は自分のチケットと華人のチケットを見比べ、首をひねっている。

「確かに同じだなぁ」とつぶやきながら、インド人は立ち上がり、前の運転手のところへ聞きにいった。あれ？　悪人面だけれど意外にいい人ではないか。その隙に善人面の華人は、インド人が座っていた場所に座ってしまった。しかも座るなり、リクライニングシートまで調整し、既に自分の席化している。

悪人面のインド人は運転手と一緒に戻ってきた。どうやらバス会社のミスでダブルブッキングしてしまったようだ。そうは言っても、このバスは既に満席。一度、座った華人は動こうとしなかった。

「俺の席でもあるんだけど……」と悪人面のインド人は華人の座りっぷりに戸惑いながらチケットをひらひらさせるが、華人は両手を上げて「僕にはわかりません」といった仕草をするだけだ。そしてバスの運転手を指して、彼に何とかしてもらいなよとでも言わんばかりに笑っている。第一印象崩壊である。

ダブルブッキングは彼らだけではない。バスの前方でも乗ってきたマレー人の男性とインド人の男性がもめている。座れなかったマレー人がバスの運転手に詰め寄り、まくしたてて怒っている。

通路に補助席はなく、次の便のバスに振り替えるといっても、数時間以上、待たなければならないだろう。日本であれば大問題になり、「会社がしたことは私のしたことです」と言わんばかりに平謝りで、すぐに会社に電話して問題の対処にあたるだろう。しかし、ここはマレーシア。バスの運転手は意外にも動じていなかった。

「まぁ、まぁ、なんとか乗れるように考えましょう。とにかく出発しましょう」

よくあることだとでも言わんばかりに彼らに説明しながら前に連れていく。席に座れない二名は運転席の隣の少し盛り上がったこぶのような場所まで連れていかれた。一名が前向きに座り、一名が客席側を向いて座るようながされた。マレー人はさっさと前向き側に座ってしまい、悪人面のインド人は仕方なく客席側を向いて座ることになってしまった。

しかし、彼は、なんだか嬉しそうなのだ。自分が座るこぶを何度も触り、きょろきょろしている。乗客全員に見られる場所に座ることが満更でもないようで、一番前に座る乗客と笑って話している。「まさか、こんなところに座るなんて思ってもみなかったよ」とでも言わんばかりに頭をかきながら喜んでいる。

バスは再び出発し、山道を走っていく。キャメロンハイランドは標高千五百メートルの高地で急なカーブが続く。ハンドルを切るごとに乗客の身体は右へ左へと振られることになる。

乗り物酔いがひどかった子供時代の僕であれば吐いているだろうなぁと思っていると、通路を挟んだ反対側に座っていたインド人の若い男性が酔ったようで、友人の男性の膝を枕に横になってしまった。日本では男性が友人男性の膝を枕にするというのは理解しがたいかもしれないが、インド人の仲間意識は独特で友人になると手をつなぐので、こういったスキンシップがあっても不思議ではない。

こんな状態で一番前のインド人は大丈夫だろうか。首を出して前を見てみると彼も右に左に揺れている。先ほどの笑みは消えていた。やはり、彼もこの揺れはきついのだ。

彼は運転手に何やら言った後、運転手の近くにあったであろうゴミ袋をかきむしるようにして手に取り、目の前に広げた。「まさか」と思う間もなく、その中に嘔吐した。美しいという表現は妥当ではないが、何かのショーのような見事な吐きっぷりだった。その様子を見て、斜め前の華人は指をさして笑っていた。「お前が吐け」と呪った。

その呪いは別の形で現れた。彼の嘔吐で車内のパンドラの箱が開いてしまったのである。僕の隣に座っていたインド人の若い男性は窓に両手をあてて眠っていたが、急に起き上がり、両手で山びこを呼ぶような手付きにして窓と椅子の間に吐いたのだ。

対岸の火事がいきなり隣の火事に、しかも大火事になったのである。山道でバスがカーブを曲がる度に嘔吐物というより嘔吐液がこちらの座席まで流れ始めたのだ。最初は足をずらしていたが、嘔吐液は徐々に広がっている。まるで火山が噴火し、じわじわと押し寄せる溶岩のように。

ついに僕の足は上げっ放し状態になった。大きく上げるのも「汚いなぁ」と言っているようで申し訳ないので床に触れない程度に足を引き上げる。腹筋と太ももの筋肉を鍛えるにはいいが、今はつらいだけだ。おろせないのだから。

嘔吐液は通路を挟んで反対側の席にまで流れていった。通路を挟んだ隣で横になっていた若いインド人男性も、その嘔吐液を見て誘発されたのか吐き始めた。阿鼻叫喚とはこのことである。右にハンドルを切ると、今度は彼の嘔吐物が通路を伝って足元に向かってくる。悲鳴のような声が聞こえる。どうやら僕の周囲だけではなく、他の席でも吐いているようだ。車内に入った時の臭気は吐瀉《としゃ》物と体臭が入り混じった臭いだったのかもしれない。このままでは僕まで吐いてしまいそうだ。

口呼吸にして、鼻から臭気を感じないよう心掛けた。ウエストバッグからホールズの飴玉を取り出して舐め、ヘッドホンからはヒーリング系の音楽のエンヤのアルバムを流し、目を閉じた。しかし、エンヤの幻想的な声が不気味に聞こえ、映画『地獄の黙示録』の映像とワーグナーの「ワルキューレの騎行」が浮かぶ。隣のインド人は、その後、三度も吐いた。吐くものがないので、三度目は、ほぼ嗚咽しているだけ。さすがに斜め前の華人の男性もぐったりして眠っている。

しばらくすると運転席の隣に座っていたインド人の笑顔が見えた。「吐いてすっきりしたよ」って感じで笑っている。小ばかにしたように見えていた笑みは、彼の笑顔だったのだ。「苦しい時こそ、笑顔」と言った女性登山家の田部井淳子さんを思い出した。

彼の笑顔を見ているうちに、僕は上げていた靴を吐瀉物の上に置いていた。インドで牛の糞を踏んづけた靴じゃないか、フランスで犬の糞も踏んづけたじゃないか。そんなの洗えばいいだけのことじゃないか。

約四時間後、クアラルンプールに到着した時には、ぐったりしていたが不思議と笑いがこみあげてきた。一生の語り草になりそうなバスには計算して乗れるものではない。ただ、キャメロンハイランドからクアラルンプールへのバス移動はおススメしないけどね。

お盆渋滞真っただ中のツアーバスで親子喧嘩（島根〜鳥取）

父は「パパ」と呼ばれていたのに、母は「母ちゃん」と呼ばれていた。父は僕が小学校五年の時に他界し、我々家族の中で四十六歳の風貌のままで記憶に留まり、今でも「パパ」と呼ぶ。

当時から、それぞれが我が道を行く家族を、パパだけがまとめようとしていたようだ。僕は亡くなる前の年に行った和歌山の旅行しか覚えていないが、母の話によれば、毎年、家族旅行に連れていってくれたそうだ。

父が亡くなってからは母は茶道華道で忙しく、姉はピアノに没頭し、僕は十八で家を出て寄り付かなくなり、「家族旅行」の話など出たこともなかった。それぞれがそれぞれの人生を生きることに忙しかったのである。

僕が四十歳を過ぎ再び三人で住むようになってからは、家族旅行というわけではないが、時折、三人で日帰りでドライブに行くようになった。渋滞に巻き込まれると「こんな混む日に出掛ける方が間違っとる」などという母の余計な一言で運転席の姉と助手席の母が喧嘩になり、車内に険悪な空気が漂い、僕は後部座席で寝てしまう。それがいつものことだった。

どうせ喧嘩になることがわかっているのだから最初から行かなきゃいいのにと思うが、ゴールデンウィークとお盆と正月が近くなると、母と姉はそれまでのことを忘れてしまったかのようにどこかに行こうと言い始める。母は「今度のお盆は、姉ちゃん、どこも連れてってくれへんのやろか?」と僕に聞き、姉は「この日なら空いとるで、●×に行こうと思う。伝えておいてくれ」と僕に言う。お互い直接言えばいいのに。僕は、まるで嫁と姑に挟まれているような存在である。まぁ、風来坊のように二十年以上も家に寄り付かなかったのだから、これくらいの役は引き受けるのだけれど。

この母娘はいつのまにこんなに仲が悪くなったのだろう。一時期は二人で時折、一泊二日の旅行に出掛けたり、北海道に一週間ほど旅行に出掛けていったりしたこともあるらしい。母は当時の話をしながら、「三人で一泊旅行しようよ」と言い始めた。車の中の雰囲気を考えたら、ぞっとする。

「いいけど、あんたらどうせ喧嘩するやんか」

僕が文句を言っても母は全く聞いていない。

「ツアー旅行のパンフレット来とるやろ？」

そう言ってパンフレットを取りにいってしまった。母も姉もそれぞれ友人たちと、かなり旅行には行っているようで旅行会社から定期的にパンフレットが届く。

確かにツアー旅行なら、たくさんの人がいるので、外面《そとづら》のいい母も姉も喧嘩はしないだろう。たとえしたとしても、いつもより少なくはなるだろう。

僕はツアー旅行を嫌っていた時期もあるが、今は歳を経たこともあり、好きである。黙ってバスに乗っているだけで、いろいろなところへ連れていってくれるので楽だ。一人旅の時のように地図を持って料理店を探し回ることもないし、困った時にはホテルのコンシェルジュのようにツアーコンダクターが対処してくれる。何より一人旅よりコストパフォーマンスもいい。一人だったら入らないような料理店に入ることもできるし、一人では泊まれないようなホテルに宿泊することもできる。

一人でいる方が好きだが、ツアー旅行でも一人になる時間はある。温泉旅なら一人で風呂に行けばいいし、朝早く起きて散歩すればいいだけの話である。

母に行きたいところを尋ねると、どこでもいいと言い、「あんた、どっかいいところないんかね？」と逆に聞かれた。僕は、「ここに行きたい」という強い思いのある場所がない。そのかわり、どこに行っても楽しめる自信はある。母と姉の喧嘩がなければ。

職場で嫌なことがあったのか不機嫌な姉に母が旅行に行きたい旨を伝えると、細かくうなずいてパンフレットを受け取った。徹底的に調べる彼女は、仕事が終わって帰ってきてから夜な夜な舐めるようにしてパンフレットのページを繰ったのだろう。数日後、皺だらけになったパンフレットには、三角の折り目がいくつかつけてあった。そして出雲大社に決まった。半年前、地元の消防団の旅行で行ったばかりだと、僕は言えなかった。

日程は日本人が大移動しているお盆の真っただ中。僕の一人旅では、まず選ばない時期である。姉はそこしか休みが取れないのだから仕方がないし、お盆のツアーバスというものがどんなものかを見るにはいい機会である。

一日目の往路は、予想に反し、ほとんど渋滞なく島根県に入り、出雲大社、松江城などを回り、大きな食堂のような店でお重に入った冷えた弁当を食べ、宍道湖近くのホテルに宿泊した。翌日は鳥取県に移動し、最後の境港市に立ち寄るまで順調だった。バスも家族の関係も。

「みなさまぁ〜、ついに渋滞に巻き込まれたようですぅ〜。今までが順調すぎましたあ〜。ただいま、宝塚あたりでは二十キロの渋滞が起きているそうですぅ〜」

やたら語尾を伸ばすバスガイドの中年女性が渋滞の案内をし始めた。テレビのニュースで見かける「渋滞何十キロ」は、車を様々な道へ分散するための情報操作だとばかり思っていたが本当だったのである。

乗客は、ある程度覚悟してきているので文句を言う人もいない。車内のモニターには懐かしいハリウッド映画『ホーム・アローン』が流れていた。

車内は二人掛けシートに一人で座っているところが二か所あるだけで後は満席である。運転席の脇に名前が書かれた座席表が貼られ、その通りに座る。我が家は三人で参加しているので席は二人と一人に分かれる。行きは二人掛けシートを一人で使わせていただき、サービスエリアや観光地に立ち寄るのをきっかけに一人の席を家族でローテーションして座っていた。

二日目は座席表が変わり、我々は、やはり三人で参加している家族と三つのシートを使うことになった。

「今日は替わらなくていいんじゃない？　僕がこっち座るから」

そう言って最初に相席の通路側に僕が座っていた。しかし、そういうところは妙に律儀な姉がサービスエリアや観光地に立ち寄る度に僕と席を替わろうとする。しかも母を相席にしないというこれまた妙な心遣いをするのだ。

姉はバスの中で、ずっと眠っていた。普段、睡眠時間が少ないこともあるのだが、今回の旅は行きも帰りも、ほぼ眠っている姿しか見ていない。

「なんや、あの娘、寝てばっかおるなぁ。身体でも悪いんやないか」

正座して座っている母が心配そうに姉を見る。やはりなんだかんだ言っても親子なのである。くすぐったいような温かさを感じながら、バスの家族旅行もいいものだなぁと思っていた。

しかし、境港市で昼食を含めた自由時間に母と姉はついに衝突した。水木しげるロードで知られている街に母は全く興味を示さず、バスが停まった場所の、すぐ近くの蕎麦屋に入りたいと言い始めた。蕎麦が嫌いな姉は水木しげるロードを見てから考えようと言った。

「落ち着いて、ゆっくり食べよまい（食べよう）」

「バスの中でゆっくりしとるでいいがね。昼ご飯なんか何か買ってバスの中で食べればいいやんか。見られる機会に見とかんと一生、来れへんよ」

「水木しげるやろ？　『ゲゲゲの女房』（母は朝の連ドラを再放送まで欠かさず観る）を観たでいいわ。蕎麦屋で待っとるで、あんたら行ってくればええがね」

母はグルメではないが、美味しいものが好きで時間をかけて食べることを大切にする。一方、姉は料理に全く興味がなく、節約家で旅先でも食事はコンビニのおにぎりか菓子パンで済ませればいいと言う人である。二人が合うはずはないのだ。姉は職場への土産を買わなければいけないからと街の中に行ってしまい、僕が蕎麦屋で酒を飲みながら母につきあうことになった。

土産物を手にして戻ってきた姉は、母が「ここ、うどんもあるで食べやぁ」とすすめても不機嫌なまま食べることはなかった。一切、母と話そうとしないまま、バスに戻った。

しかも、運が悪いことに次は母と姉が一緒に座る番になったのである。母は、いつも通り窓側に座る。「僕が座ろうか」と姉に言うと、一瞬、躊躇《ちゅうちょ》したように見えたが、どこまでも律儀な姉は母の隣に座った。眉間に皺を寄せたまま。互いに一切、話そうとしない。

間が持たなくなると窓側に座る母は姉越しに僕を呼ぶ。

「ひでちゃん、飴いらんかね」

母は僕のことを未だに「ひでちゃん」と子供の頃の呼び方で呼ぶ。既に父の亡くなった時の年齢も超えたおっさんをである。

「だから、その呼び方やめてくれ」

ひそひそ声で怒ると姉も「ほんとやて」と同意しながら飴を中継する。

「この歳になって今さら呼び方を変えてくれと言われても困るわ。あんたらだって、今から私のことママと呼べと言われたら、困るやろ」

彼女はいつものようにどこ吹く風といった感じで気にしていない。

「あんたも食べやぁ」

姉には「あんた」呼ばわりだ。今はそちらの呼び方の方がいい。元々、飴をほとんど食べない姉は断固として拒否する。というか無視だ。

「一つくらい食べればいいのに。ほんとひねくれもんやなぁ」

また余計なことを言うので、二人の間の緊張ムードは高まる。僕の隣に座る中年男性の意識が、こちらに向いているのもなんとなくわかる。車内に流れる『ホーム・アローン』は、マコーレー・カルキン演じるケビンが家に置いてきぼりになり、飛行機の中でケビンがいないことに母親が気づき、「ケビン！」と叫ぶところだった。僕も一緒に叫びたかった。「助けて〜」と。

「はぁ？」と通路越しに姉の声が聞こえた。母がトイレに行きたいと言い始めているようだ。僕は関わらないように気づかないふりをしようと思ったが、また、「ひでちゃん」と呼ばれるのも困る。何気なく横の様子を見るとしかめっ面で「ほんと困る」と僕に助けを求める姉の向こうで母が苦笑している。

「サービスエリアまで、あとどれくらいやね？」

「知らんて」

「ちょっとあんた、ガイドさんに聞いてくれんかね」

「渋滞やでどうしようもないって」

鬼の形相の姉を挟んで会話を続ける。

「みなさまぁ、渋滞は、ここから、さらにどんどん長くなっていくと思われますぅ〜。

到着がいつになるかわかりませんので、先にサービスエリアに入りますぅ〜。夕食はサービスエリアで買ってバスの中で食べることも選択肢に入れておいてください〜」

こういう時の母の悪運は強い。バスはサービスエリアの中に入っていった。

停車するやいなや、母は立ち上がり、姉を追い出し、我先にと通路を前へ前へと突進していく。

途中で何かを思い出したかのように振り返って叫んだ。

「ひでちゃ〜ん、財布だけ持ってきてな」

パパ助けてくれ。

十人乗りワゴンに二十人乗る大盛り天丼バス（ネパール）

滞在中、何度も会った知的障害のある少女だった。カトマンズに到着してから数日経った頃だったろうか。ネパール映画を観にいった際、彼女は金髪の僕を珍しそうに眺め、声をかけてきた。手にはマイケル・ジャクソンなど洋楽中心のCDジャケットを二十枚ほど持っている。プラスチックのケースではなく、紙のケースで中身は入っていない。どれも手垢で汚れ、角は折れ曲がっている。初めて会った時はCD売りかと思い、売り方だけ観察したら断ろうかと思っていたが、彼女はそうではなかった。一枚一枚ジャケットをめくっていき、自分のコレクションを見てほしいだけだったのである。それがわかってから二日続けて彼女のコレクションを眺めた。一周見せると彼女は嬉しそうに笑い、また次に見せる人を探しにいく。見ているだけで、これだけ喜ばれるんだったら、毎日でもいいよ、どうせ暇なんだしと、その時は思っていた。

しかし、今は煩わしい。いつも同じようにやってくる彼女のことを、腹だたしくさえ思う。自分の状態がいい時は優しく接し、悪ければ無視してしまう。自分の偽善者っぷりを自覚しつつも彼女から目をそらす。

逃げるように車掌に「ボーダ？」と尋ね、彼がうなずくのを確認してワゴンバスに乗り込んだ。「ボーダ」というのは世界遺産の巨大仏塔「ボダナート」のことである。何度も乗っているうちに「ボダナート」より、「ボーダ」の方が通じることを知った。

市内を走るバスはバス停があるようでないし、教えてもらったバスのルート番号もネパール数字で書かれているとわからない。よって、僕はバスの行先を叫んでいる車掌に「ボーダ？」「タメル？」など地名の語尾を上げて聞き、行先を尋ねていた。車掌が、正しければうなずき、間違っていれば尋ねた地へと行くバスを指してくれる。

ワゴンバスのドア付近の一人掛けの席に座り、ほんの少しの後ろめたさを感じつつ少女を探すと既に見当たらなかった。その代わり、元の色が何色だったのかわからない、首が伸びきったボロボロのTシャツを着た男の子が目に留まる。ストリートチルドレンのようだ。カンボジア、インド、ルーマニアなど世界のストリートチルドレンは一億人を超すと言われ、この国にも多い。彼らはゴミを拾いながら生き延びていると聞いたことがある。目つきが悪くギラギラしていたが、彼はプラスチックのへこんだピンポン玉のような物を見つけると、ワクワクした表情を見せ、嬉しそうに拾い上げ、それを手の平の上で宝物のように幸せそうに転がしていた。

そこへ二人組のストリートチルドレンが現れ、ピンポン玉を取り上げた。取り上げられた子供は怒って取り返そうとするが、二人組はさらに面白がって「ほら、ほら～」とピンポン玉をお互いにパスしながら、からかっていた。

その様子を見ていたらしき欧米人の若い男性が、そのピンポン玉を取り上げ、最初に見つけた子供に返した。返しながら、彼は二人のストリートチルドレンを立たせ、「いじめちゃダメだよ」的な仕草で注意をしていた。欧米人はいいことをしているのだろうが、彼の表情に浮かぶ「俺、今、いいことやっているだろ？」という善行に対する傲慢さが鼻についた。ピンポン玉を持った子供は欧米人の後ろに隠れながら、二人組に向かって、「ざまあみろ」といった感じで舌を出している。そんな彼にも腹が立った。

計画通りにいかないいらだたしさが自分の性格を歪めている。いや、これが本当の自分で本性がむき出しになっただけなのかもしれない。

二日前のことだ。ネパールで一週間過ごした後、再びインドに戻ろうとした時、空港のイミグレーションで止められたのである。僕のビザに不備があり、大使館でビザを取り直してこいと言われた。その日は土曜日で月曜日にならないと大使館は開かない。航空券は買い直すことになり、ムンバイ在住の知人と会う予定もホテルの予約もキャンセルである。

カトマンズ在住の日本人女性ガイドからビザ申請書類をもらい、インド大使館にはかなり早くから並んだ方がいいとアドバイスを受け、月曜日の早朝、開門三時間前に大使館に向かった。それでも番号札は五十四番。僕の前には既に五十三名並んでいたのである。開門後、一つしか開いていない窓口でさらに三時間並び、ようやく自分の番になると、コピーが一枚足りないので明日、出直してこいと言われた。金を払うから後ろのコピー機でやってくれないかと頼んだが、「ネクスト!」と英語で叫び、手で追い払われるようにして相手にされなかった。

ガイドに電話で報告すると、もっと粘り強く交渉しなくちゃダメですよと丁寧な言葉で叱られた。窓口の担当者によって対応は全く違うそうで、僕の金髪はマイナスイメージを与えたかもしれないとも言われた。僕の前にビザ申請書を突き返されていた多くの欧米人を思い出すと、確かに日本で自宅に泊めるかと聞かれたら躊躇するような人ばかりだった。僕もその中の一人に入れられてしまったのか。

ビザのいらない国に行くことも考えたが、インドから出発する航空券まで無駄になってしまう。考えた挙句、翌日、もう一度大使館に行くことを決めて電話を切った。自分の不甲斐なさに腹が立ち、誰も悪くないのに全ての物事に対し、腹が立ち始めていたのである。

十人乗りのワゴンバスの車内は満席になっていた。それでも乗客は続々と乗り込み、車掌も「もっと奥へ詰めて」と怒鳴りながら詰められるだけ客を詰め込んでいく。乗客は外まではみ出し、寿司詰め状態というよりは、蓋が閉まらない大盛り天丼状態に近い。

僕の目の前に詰め込まれた親子連れがいた。父親は手を窓につけるような状態で踏ん張り、僕の膝と自分の身体で挟むようにして連れていた五歳くらいの女の子を守っていた。僕の膝の上の空間に彼女は上半身が斜めに折れ曲がった状態で立ち、いる。手に着色料がたくさん入っていそうなピンク色のアイスクリームを持っている。

この状態で、なぜアイスクリームを持って乗るのだ。食べてから乗れよ……、またしても腹が立った。そんな僕の思いとは裏腹に彼女は、非日常の空間に放り込まれ、アイスクリームのことなど忘れてしまっているように見えた。

ワゴンバスは出発した。しかし、なかなか進まない。世界中、渋滞のひどい地域はたくさんあるが、カトマンズもその一つ。地下鉄などがないので移動は全て車になる。しかし、この国は石油不足も激しく、ガソリンを買うための渋滞を滞在中、何度も見ている。

それよりも目の前にあるアイスクリームだ。いったいどうするつもりなのだ。溶けるだろ……というか既に溶け始め、水気を帯び、ただれたような表層になりつつある。カトマンズは標高が高いとはいえ、日中は三十度を超えるのだ。

しかし、彼女は一向に食べる気配がない。アイスクリームよりも車に乗っている状況が嬉しいのだ。嬉しがっている場合じゃない。食べろ。小さな女の子に対し、にらみつけた。

渋滞が少しだけ緩和され、車が動き始めたようで窓から風が入り始める。しかし、今度は風でアイスクリームが溶けてしまう。彼女は風の心地よさと外の景色に目をきらきらさせていた。彼女の頭の中にはアイスクリームが溶けるという認識はない。お願いだから食べてくれ。車が揺れる度にアイスクリームは確実に僕に近づいている。このままいけばアイスクリームは、今朝、ホテルでクリーニングに出して届いたばかりの僕のベージュのチノパンに落ちるだろう。アイスクリームがパンツに落ちた後、ネバネバベトベトの状態を想像するとぞっとする。

僕は我慢できずに右手の人差し指でアイスクリームを指しながら、彼女をにらみつけた。彼女は僕の顔を見ただけで何も言わない。金髪のおじさんがアイスクリームを指さしてにらんでいることに驚いているのだ。怒ってない。怒ってないから。食べて。お願いだから。

「た・べ・な・さ・い」

ネパール語が話せない僕は、日本語で、一文字ずつゆっくり言ってみる。おとうさん、気づいてくれよ。そう思うが、彼も車内で娘を守りながら体勢を維持することに必死で気づいていない。落ちるな……落ちるな……念じる。落ちてもいいから僕を避けてくれ……神様に懇願していた。そして、ついにコーンに沿って垂れ始め、彼女の手にピンクの液体がついた。さすがに彼女も気づき、父親に状況を報告している。父親は声を荒らげ、彼女からアイスクリームを取り上げ、僕の脇の窓から投げ捨てた。

ほっとしたのと同時に彼女にアイスクリームを食べるよう必死に伝えようとしていた自分のことを思い出し、予想外の父親の行動で解決してしまったことがおかしくなってきた。笑いをこらえ、身体の力は入っているのに気が楽になり、身につけていた鎧がぼろぼろはがれていくように感じた。思い通りにいかなくて当たり前じゃないか。アイスクリーム一つでさえ、どうにもならないんだから。そう思ったら、今、自分が置かれている状況全てが滑稽に思えてきた。

明日はCDを持った少女の話を聞こう。風が心地よく頰を撫でていった。耳元ではアイスクリームを捨てられた彼女の泣き声が響いているけどね。

遠回りのバスだからこそ見える景色（静岡）

「晴天時洗車しないこと」のステッカーが運転席に貼られていた。洗車は雨の日の前にするのがいいというのは本当のようだ。

いつもなら一番後ろの座席に座るが、先客で埋まっているので運転席近くの一人席に座った。フロントガラスからの景色が見えて悪くない。

東海バスのチケット売り場でもらった路線図を広げ、今日の取材先のコースを確認する。長財布程度の路線図を広げていくとポスターくらいの大きさの伊豆半島の路線図になる。スマートフォンのナビとスクロールに慣れてしまい、こうして路線図を広げる感覚は新鮮であると同時に懐かしさも覚えた。

そういえば、昔、このバスに乗って、こんな風に路線図を広げていた……はず。「松崎行き」だったかどうかは思い出せないが、修善寺駅の前に停まっていたバスに乗り込んだ……はず。三島駅から伊豆箱根鉄道に乗り、終着駅の修善寺駅で降りた……はず。曖昧な記憶がぼんやりよみがえり始めた。

バスは「修善寺温泉入口」まで進んでいた。ここで別の記憶がよみがえる。静岡市内で過ごした大学時代、「無料で入れる混浴が修善寺温泉にあるらしいぞ！」とアパートに乗り込んできた友人がいた。当時、乗っていた、ラジエーターに穴の開いたポンコツのスカイラインに友人を乗せ、水が抜けてもすぐ補給できるようにやかんを載せて向かった。夜中に行って女性の裸が見えるのか？　と気づいた時には既に富士宮を越えていた。その心配は意味がなく、入っていたのは高齢者の男性ばかりだった。向こうも僕たちの裸を見て、がっかりしていた。スマートフォンで「独鈷《とっこ》の湯」と検索すると僕が入った温泉場は移動していて、現在、一般入浴できなくなっているらしい。

それはともかく、このバスに乗った時の記憶である。どこで降りたんだろうと再び路線図に目を落とす。停留所が多すぎて見当がつかない。

「旭滝口」で観光客らしき老夫婦が、「ラフォーレ修善寺入口」でイタリア人と日本人のカップルが降りていき、その度に車窓に記憶の手がかりを探すが、全く見覚えがない。鬼の人形が立つ「伊豆極楽苑」なる強烈な建物が現れたが、それも記憶にない。これだけインパクトのある建物に記憶がないということは、乗るバスが違ったのだろうか。それか車窓を見る余裕もないほど弱っていたか。その可能性は十分ある。二十五年ほど前、当時の僕は切羽詰まっていた。

授業よりもアルバイトが面白く、車を乗り回して遊んでばかりいた大学も卒業を迎えた。特にやりたいことも見つからず、かといってサラリーマンとして働く自分もイメージできず、就職活動もしなかった。当時の口癖は「なんとかなるよ」だった。それがカッコいいと思い、一生懸命やることはカッコ悪いとさえ思っていた。

そんな折、たまたま映画の製作現場でアルバイトをした際、プロデューサーから「東京に出てこないか」と誘われた。華やかな業界を夢見て舞い上がり、親の反対を押し切り、上京した。しかし、映画界は自分が思い描いていた世界とは全く違った。邦画業界は最悪の時期で映画の仕事はほとんどなく、テレビドラマの手伝いに駆り出されるくらい。卒業直後、大学時代の友人たちと新社会人になった感想をつまみに飲んだ席ではドラマの制作アシスタントをすることになったなどと嘯《うそぶ》いて、見かけただけの有名人の名前を挙げ、華やかさを装った。実際の仕事はロケ現場で弁当を配り、マイクに車の音が入らないよう誘導灯を持って現場から離れた場所へと車を誘導する。ドライバーからは「ドラマ？　知るか！　こっちは急いでるんだよ！」と突破され、轢かれそうになり、録音係からは「ちゃんと止めろ！」とトランシーバー越しに怒鳴られる。そんな日々の中、現場を仕切っていた上司の二人がプロデューサーと喧嘩していなくなり、次のスタッフが見つかるまで、いきなり僕が現場を仕切ることになってしまった。道路使用許可など申請書類の作成に提出、ロケ場所の時間調整、弁当の手配、ロケ現場に必要な備品の買い物など雑用は数えきれない程あり、上京してすぐで土地勘もないのにスタッフ、タレント事務所などに毎日、撮影場所の地図と集合時間を手書きで書いて送らなければならない。インターネットという言葉さえ知らない時代だった。全てをこなし終えると夜が明け、既に出発間近。ワゴン車の中で仮眠をとる生活が続き、ついに三半規管に異変をきたし、即入院となった。

退院してからは無職。しばらくの間、居候先の彼女の家で何もしていなかった。働きに出掛けていく彼女から毎朝千円もらい、近くのスーパーで期限切れ間近で半額になった総菜パンと一リットルサイズの紙パックのコーヒー牛乳を買い、一日中、陽当たりの悪い部屋でテレビに流れるワイドショーばかりを見ていた。頭には何も入ってこず、荒《すさ》んでいく自分に対する恐怖と不安に怯《おび》えていた。

ある日、古いマンションの一室にある小さな映画事務所に顔を出すと、急ぎで映画の企画書と脚本を静岡県の三島にいるプロデューサーに届けにいってほしいとお願いされ、数万円を渡された。要は使いっ走りである。

当時、携帯電話も普及していなかったので三島駅の公衆電話からプロデューサーに電話をかけた。旅館だったかホテルだったか、部屋につないでもらったように思う。伊豆箱根鉄道に乗って修善寺駅まで来て、そこからバスに乗るよう指示を受けた。「タクシーで来ると、すごい金額取られちゃうから」と電話で言われたのだ。そして届けた際、そのプロデューサーの宿泊先のロビーでコーヒーをご馳走になったのである。少しずつ記憶がよみがえってくる。

車窓を見ながら、かすかな記憶の糸を手繰《たぐ》り寄せているうちにバスは「船原温泉」バス停を越え、山の中へ入っていく。再度、路線図を広げる。伊豆にはたくさん温泉があり、吉奈温泉、持越温泉、湯ヶ島温泉だったらバスの路線は違うが、海が見えた記憶はあるので山の中の温泉は候補からはずれる。海が見える温泉は岩地温泉、石部温泉、雲見温泉などがある。となると松崎のバスターミナルでさらにバスを乗り継いでいったことになる。

土肥団地を越え、正面のフロントガラスに伊豆の海が見え始めた時だった。

「僕の人生は、どうなるんだろう……」

当時の感情が、ふわっと浮かび上がってきた。怖いくらい鮮明に。土肥温泉に違いない。バスは半身の銅像の脇を通り、橋を渡り、温泉街の中で停車した。思い描いていた景色と違う。窓に顔をくっつけるようにして周囲を見渡すが降りた記憶が現れない。

当時と変わってしまったのかもしれない。「ここで降りた」という確信はなく、釈然としないままバスは出発した。湯の川、火振川と着実にバス停を表示しながら進んでいく。土肥港を通り過ぎた時、富士山が見えた。この角度から富士山を見たような気がする。でも富士山なんてどこからでも見えるかなぁと思った時だった。海沿いに建つ古い外観のホテルが現れた。

「あっ、ここだ」

思わずつぶやいた。運転手はちらっとこちらに意識を向けたように思えるが、僕が降車ボタンを押さないので「通り崎」のバス停を通り過ぎていく。

あのホテルのロビーのラウンジに連れていかれ、企画書と脚本を手渡し、コーヒーをご馳走になったのである。プロデューサーの名前どころか顔も思い出せないが、よれよれのジャケットの内ポケットから財布ではなく、封筒を出し、そこからお金を出して支払い、釣銭と領収書を再び封筒の中に無造作に突っ込んでいた仕草を覚えている。

そして「君、急がば回れだよ」と何度も言っていたことも思い出した。彼の座右の銘だったのか、映画作りに関することだったのか、若かった僕に対するアドバイスだったのかはわからない。ひょっとしたら、僕が、よほど切羽詰まった表情をしていたからかもしれない。

曖昧な記憶がはっきりして、すっきりしたのだろう。前のめりになっていた力が抜け、背もたれに背中をつけ、大きく息を吐いた。バスはすぐに堂ヶ島を表示し、降車ボタンを押した。ターミナルにはバスが一台だけ停まっている。おそらく、今回、取材で乗ろうとしている西伊豆から海沿いに南下する下田駅行きのバスだろう。マーガレットの栽培が盛んで、他にも棚田などを楽しむことができる。今回乗る冬の見所を聞かれると困るけど。

念のためバスの外で休憩していた運転手に下田駅に行くか尋ねると、

「行くことは行きますが一時間四十分くらいかかりますよ。下田駅に行かれるのだったら、もっと早いバスが……」

と言って、時刻表を確かめようとしたので、僕は「マーガレットライン」の名前を口にする。

「だったら、これこれ。今日は富士山もきれいそうだし、いいと思いますよ。遠回りだからこそ見える景色がありますからね」

運転手の車内での丁寧な接客ぶりが想像できる。

バスが出発するまで二十分ほどあった。バスターミナルの道を挟んだ公園に向かい、海底火山の噴火でできあがった独特な景観を眺めながらコーヒーをすすった。二十五年前、「急がば回れ」と何度も口にしていたプロデューサーの顔を思い出そうとしてみたが、やはり出てこなかった。おそらく彼は今の僕くらいの歳だったのではないだろうか。もし、僕が今、当時の自分にここで会うことができたら何と声をかけるだろう。

少なくとも「急がば回れ」とは言わないだろうなぁ。どうせ自然に回っちゃうだろうから。そもそも急がなくても回っていいのではないかと最近は思う。

　これだけ目まぐるしく動きが早い世の中に追いつける人はいいが、追いつけない僕のような人は自分のペースで時間をかけて進んでいけばいい。先ほどの運転手が口にした「遠回りだからこそ見える景色」もあるし、遠回りしたからこそ、さらにいい道に出くわすこともある。僕が若い頃、つぶやいていた「なんとかなる」は当たっていたが、今なら、その前に「一生懸命やれば」をつけるだろう。

　あいかわらず僕の人生はどこにたどり着くのかわからないが、その分、たくさんの景色を見ていこうと思う。あの頃の僕なら素直に聞けず、「うるさい」と言いそうだ。歳をとらないとわからないこともたくさんあるから仕方がない。さて、マーガレットラインからしか見えない富士山を見にいくとするか。これが冬の見所かもしれない。

目的地までの距離も所要時間もわからないバスに乗る（ラオス）

突き上げるような衝撃で閉じていた目を開ける。ラオスの道路事情は決してよくない。舗装されている道路でもところどころ穴が空いているのだ。

「でも見えるだろう　心の奥に……」

ヘッドホンからはＧＲｅｅｅｅＮの「道」が流れているが、僕の目には何も見えなかった。クーラーがないバスの窓は開いたままで、感じるのは生温《なまぬる》い風と暗闇だけ。ラオスの田舎町には街灯が全くなかった。普通なら暗闇に目が慣れるはずだが、一向に慣れる気配はない。

バスは下道を何時間も走り続けている。車内に時計はない。腕時計をしない僕にとって時間を確かめる道具は携帯電話だけだが、その充電も切れてしまった。僕の隣に座るラオス人も通路を挟んだ先にいるラオス人も腕時計をしていない。

使い古されたデジタルオーディオプレイヤーに時計を表示する機能がついていたはずだが、ＩＴ音痴の僕は、何度も誤操作を繰り返し、その表示にたどり着くことをあきらめた。

だったら同じアルバムを聴き続けることで時間を計ることにしよう。ＧＲｅｅｅｅＮのファーストアルバムは一時間弱くらいだったはずだ。アルバムリピートにして最初に収録されている「道」が流れる度に時間を確認していったのである。既に……あれ？　四回目だったっけ？

タイの東北部「ムクダハン」を朝、出発するつもりだった。一時間程度でタイの国境を越え、ラオス第二の都市「サワンナケート」でバスを乗り換え、明るいうちにコーヒーの美味しい街「パクセー」に到着するだろう。その程度のゆるい計画だった。

しかし、朝食前にムクダハンのホテルの周囲を散歩中、前日に知り合ったタイ人たちと再会し、昼食に誘われたのだ。彼らと一緒に昼食を食べて午後に出発するとパクセーに到着する時間は遅くなるが、せっかくの彼らと過ごす機会は捨てがたい。名前も連絡先も知らない彼らとは人生で二度と会えない可能性が高いのだから。

僕は彼らとの昼食を選択した。川沿いのレストランで、タイスキとタイ風春雨サラダのヤムウンセンをつまみにチャンビアを飲み、片言の英語でやりとりし、彼らに見送られ、ムクダハンの街を出るバスに乗った。国境を越え、ラオスに入った時は既に夕暮れだった。サワンナケートでパクセーまで行くバスがあれば到着するのは夜中になるだろう。

スケジュールを組み直し、無理をしないで、サワンナケートに一泊するのが賢明である。ただバスターミナルから街まで出てホテルを探して一泊し、翌朝、再びバスターミナルまで戻ることを考えると、たとえ到着は夜中になっても一気にパクセーまで移動してしまった方が楽に思える。それか美味しいコーヒーはあきらめ、サワンナケートにしばらく滞在するというのも悪くない。優柔不断な僕がどうするか決められないまま、バスはサワンナケートのターミナルに到着してしまったのである。

そこでパクセー行きのバスがまだあるようなら、たとえ夜中到着になろうとも予定通りパクセーまで向かい、もし、バスがなければ予定を変更してサワンナケートにしばらく滞在することに決めた。

メモ帳に「Pakxe（パクセー）」の文字を書き、バスを降りる際、運転手にメモを見せるとパクセー行きのチケットを売っている窓口を指さした。

化粧っ気のない中年女性が三十分後にパクセー行きのバスがあると言うのでチケットを購入した。一泊分の宿だけは確保しておこうと、以前、メモしておいたパクセーのホテルに電話をかけた。しかし、つながらない。携帯電話の画面を見ると圏外になっている。国境を越えたばかりで、ローミングがうまくできていないのかもしれない。

公衆電話の前に立つとプリペイド式だった。そういえばラオスは小銭がない国である。煙草を売っている中年男性にタイバーツの小銭を見せながら電話をしたいとボディランゲージで伝えると別の公衆電話のある場所へ連れていってくれた。国境に近い場所なのでタイの小銭が使える公衆電話があるのだ。

片言の英語で何とかホテルに予約を入れることができた。宿が確保できると解放感が一気に広がり、バスターミナルから見える夕焼けがやけに美しく思える。

そうか。あの後に携帯電話の電池もなくなってしまったのか。圏外になると電池の減りが早いと聞いたことがある。

「いつも帰り道　僕ら同じ道……」

ヘッドホンからは二曲目の「Ｄａｙ ｂｙ Ｄａｙ」が流れている。何度も「道」という単語を聞いているうちに、ふと気づいたのである。「そういえば、このバスはパクセー行きかどうか確かめないで乗っているぞ」と。

座っていたベンチの前に到着したバスに何の迷いもなく乗ってしまったのである。このバスが到着した時、僕の周囲に座っている人は誰も乗ろうとしていなかった。クーラーがついていないから乗っても暑いので、出発ギリギリまで外の椅子に座って涼んでいるのだ。

するとバスの陰から若い男性が、こちらに向かってやってきた。頭髪はジェルで固め、真っ黒の半袖のシャツにジーンズ、足元は黒い革靴でロカビリーを思わせるような恰好はバスターミナルの中で浮いていた。彼は小走りで僕の方に走って向かってきた。どう見てもただ事ではないような近づき方だった。

「アチャ〜」

彼は僕の隣に座っていた大人しそうな男性に飛び蹴りを食らわせた。「アチャ〜」と言いながら蹴る人を初めて見た。フォームはカッコ悪かったが勢いはあったようで蹴られた男性は椅子から吹っ飛んで転がり、彼が着ていた紺色のTシャツは乾季の乾いた土で茶色になった。黒シャツの男は転がった男性を起き上がらせ、ビンタをしながら、ラオス語でまくしたてる。友人らしき赤シャツの男が止めに入った。しかし、

わずかなお金を手に国境を越えられないバス（ラオス〜ベトナム）

夕日が物悲しく見える。周囲にはイミグレーションの建物以外は見当たらない。ラオスとベトナムの国境、正確に言えばラオス側の出国管理局手前の道の端にしゃがんでいる。バスと共に。どうやら入国者がパスポートのチェックを受けるように、バス自体も国境を越えるために許可証が必要らしく、それが通らないらしい。十五万キップ、日本円でいえば、たった二千円程度安いだけで飛びついて、このバスに乗ったことを後悔していた。

二十四時間前まで、このバスに乗る予定ではなかった。ラオスの南に位置する街「パクセー」に一週間ほど滞在し、そろそろベトナムに移動しようかなぁと思い、予定を立て始めていた。ホテルのフロントで尋ねるとベトナム第三の都市「ダナン」まで行くバスがあり、三十五ドル（約四千二百円）だという。ラオスの通貨はキップだが、ドルも使用できる。その場で予約してチケットを購入してもよかったが、ポケットにはドル紙幣がなく、マネークリップに挟んだキップ紙幣だけ。部屋に戻って取ってくるだけだが、「まぁ、後でいいか」とホテルを出て散歩に出掛けた。東南アジアで長い旅を続けていると「今日できることは明日でもできる」思考になっていく。

コーヒー豆の産地でもあるパクセーでは散歩の途中、カフェに入ることが日課になっていた。コーヒーを注文した際、座ったテーブルの壁際に小さな貼り紙を見つけた。ダナンまで十五万キップ（約二千百円）と書かれている。ホテルで聞いた値段の半額だ。ポケットからキップ紙幣を取り出して確認すると十六万キップ程度ある。このカフェで数千キップ使い、バス代を支払うとキップ紙幣は手元にほとんどなくなるが、明日、ベトナムに移動すればキップ紙幣を使用することはない。ものすごい発見でもしたかのようにテンションが上がり、カフェの店員を呼び、チケットを購入する意思を伝え、コーヒーを飲んでから約十二時間後、早朝五時出発のバスに乗ることになったのである。

一時間以上遅れてやってきたバスは大型ではなく、クリーム色の古いマイクロバスだった。小学生の頃、所属していた少年野球の遠征で乗ったバスに似ていて、とても国をまたぐ長距離バスとは思えない。乗り心地も悪そうだ。しかし、安いのだから仕方がない。

ラオスではあまり見かけない太った華人の中年女性が車掌だった。フレームにプラスチックの宝石まがいの装飾が施されたサングラスをかけ、怪しげな雰囲気を漂わせている。運転席には彼女とは対照的に細身の気が弱そうなラオス人らしき中年男性が座っていた。

このバスは様々なカフェを立ち寄ってきたのか、僕が乗った時には既に満席に近かった。故郷に帰るベトナム人なのか出稼ぎにいくラオス人なのか見分けはつかないが、少なくともパクセーで時折見かけた欧米人は、一人も見当たらない。

車内はカーテンが全て閉められているせいか乗客全員の顔色が悪く、不健康そうに見え、「ひそひそ」「こそこそ」といった雰囲気も感じられ、「不法滞在」「不法移民」など「不法」の文字が似合う訳ありの人たちばかりのように思えてきた。

中央あたりに一つだけ空いていた通路側の席が、僕の席として与えられた。座席と座席の間は狭く、足元に少し大きめのリュックを置くと身動きできなくなった。運転席のすぐ後ろに座った車掌の中年女性は車内の様子を確認しながら携帯電話で会話をしている。同じようなバスが走っていて、まだ乗れる、乗れないのやりとりをしているようで、バスは僕を乗せた後、もう一か所、立ち寄り、補助席も全て埋まった。

やはり予想通り、乗り心地が悪い。座席のスプリングがくたびれているのか、ほんの少ししか移動していないにもかかわらず、既に尻が痛い。ラオスの道路事情を考えると、これからの移動時間が恐ろしい。

臭いも気になって仕方がない。どうも隣の窓際の席の足元から臭ってくるのだ。くたびれたスーツを着た細身の中年男性は皺の筋が擦り切れて下地が見えた合皮の靴を脱いでいた。靴下はお約束通り片足の親指部分が破れている。半乾きのぞうきんのような臭いは、そこが発生源のようだ。しかし、靴を脱ぐなとも言えない。僕は、たまたま今回、サンダル履きのまま乗り込んでいるが、靴を履いていたら彼と同じように、すぐ脱ぐからだ。仕方なく鼻が慣れるまで口呼吸を続けた。

バスは黙々と走り続け、尻の痛みから痺《しび》れて感覚がなくなった頃、昼食休憩になった。時計を見ると既に十五時である。まだ国境も越えていない。到着予定は十七時だが到底着くとは思えない。遅れることは珍しいことではないのだが……それより僕は大きな間違いをおかしていたことに気づく。まだ、ここはラオスである。昼食でキップ紙幣を使うのだ。僕は、キップ紙幣をほぼ全て使い切ってしまっていた。

手持ちは数千キップで日本円にして数十円程度しか残っておらず、これでは昼食は食べられない。クレジットカードも使えない。ドル紙幣は使うことができるが持っていたのは二十ドル紙幣ばかりで、そのお釣りが全てキップ紙幣で戻ってくるくらいなら我慢した方がいい。せっかくキップ紙幣を使い切って、ここまでこの安いバスにも我慢して長時間乗ってきたのだ。ホテルで手配していたらどんなバスがやってきたのだろうと後悔の念に駆られながら、なけなしのキップ紙幣でミネラルウォーターを買った。

日本の道の駅のような場所であれば、そのあたりをぶらぶらしていればいいが、トラックの運転手が休憩する食堂兼休憩所のような場所で一店舗しかないので、ぶらぶらすることもできない。そんな中で昼食を食べないで、ちびちびミネラルウォーターを飲む乗客は目立つ。バスの中にいればいいが、暗く、換気もまともにできていない車内に一人でいるのも気が滅入る。

僕の隣に座っていたスーツ姿の中年男性はビアラオを美味しそうに飲み、フライドライスをほおばりながら僕の方をチラチラ見ている。目が合うと心配そうな顔で僕を指した後、スプーンですくう仕草をした。「食べないのか？」と言っているようだ。僕は笑顔で会釈をした後、しかめっ面で手でお腹を膨らますジェスチャーをしながら「お腹が空いていない」ことを表現した。嘘だった。ペコペコとまではいかないがお腹は減っていたのである。また、彼がビールをうまそうに飲むのだ。

バスに再び乗り込むと、スーツ姿の男性はビールで酔ったのか人が変わったように陽気になり、僕に笑顔をふりまいた。そして食堂で意気投合したらしき一番後ろに座っている男性と大声で会話を始めた。僕には全くわからないが話している内容が面白いのか、車内のところどころから笑い声が聞こえる。彼は、この状況が楽しくなってきたのかジャケットを脱ぎ、靴下まで脱ぎ去ってしまった。そして話すだけ話すと今度は大きな鼾《いびき》をかきながら眠り始めた。

こうしてバスはラオスとベトナムの国境のところで停まった。運転手はエンジンをかけたまま降りてイミグレーションへ走っていく。すぐに動き出すだろうと思っていたが様子がおかしい。車掌の女性の怒鳴り声と戻ってきた運転手の手にある書類から察すると、どうやらバスの入国許可が下りないらしい。

車内の乗客は、ささやくような声でぼそぼそ話し始め、前に座っていた乗客の一人が立ち上がって降りていった。すると後ろに座っていた乗客が補助席に座っていた乗客に降りるようにうながし、続々と降り始めた。

　これは当分、動かないぞといった感じである。僕も背伸びをするために車から降りた。少し先に国境のイミグレーションの白い門が見えるだけで特に何があるわけでもない。最初に降りた乗客は田んぼに向かって小便を放っていた。

　何が起きるかわからないものである。一応、危険な地域の情報だけは、こまめにチェックしているが、それ以外のことに関しては防ぎようがない。バスの入国許可が下りないこともあるので注意しましょうなんてガイドブックにも書いていないだろうし、書いていても注意のしようがない。国境を越えるシステムというのは国によって違い、同じ国でも場所によって違う。時には国の情勢一つで変わってしまうことだってあり、極端な話、係員の対応一つで変わる可能性だってあるのだ。日本では考えられないことが海外では普通に起きる。だから同じ人が同じ場所を通ってきても違った体験談になるわけである。

　乗客は誰一人、怒っていない。言いたいけれど言えないのか、言っても仕方がないと思っているのかわからないが、彼らがしゃがんでいる後ろ姿を見ていると、「こういうこともあるさ」という空気も感じ、切迫感がなくて、こちらまで落ち着く。

一旦、バスに戻り、座席の足元に置いたリュックからフランスの植民地だったことを想起させる赤と白と青のマークが描かれたラオスの煙草を取り出し、バスから降りた。二十代の後半に煙草はやめ、普段は全く吸わないが、旅をしていて見たことがない銘柄の煙草があると買って一本だけ吸う。残った煙草は日本に戻った際、飲み会に持っていき喫煙者の友人たちに渡すか、旅の記録帳にそのまま貼り付けてしまう。

煙草のセロハンをはがし、一本取り出し、ホテルの部屋で焚くお香用に使用しているライターで火をつけて吸い込む。美味しいとは思わないが、夕暮れの中でしゃがんで吸うには悪くない。お腹も空いてきていたので、それを紛らわすにも役に立つ。

スーツ姿の男性も僕の隣にしゃがんだ。煙草を差し出すと一本手にとり、火をつけた。二人で何を話すわけでもなく、煙草をふかした。しゃがんでいることに疲れ、立ち上がり、周囲を見渡すと、ほぼ全員の乗客が、バスの前で、しゃがんでいた。東南アジアの人たちは、これが普通にでき、欧米人は、ほとんどできないらしい。昨日、撮り続けている世界のトイレの写真を貸してほしいと広告代理店の知人から連絡があった際、そんなメールのやりとりをしたばかりだった。欧米人は洋式トイレなので足首が硬いのだ。

一時間以上、経っただろうか。既に太陽は沈み、青白くなった景色が、どんどん暗くなっていく状況をバスの乗客全員で眺めていた。不思議と不安はなかった。

「ヒャッホー!」

バスの運転手の雄叫びが聞こえた。どうやら許可が下りたようだ。車掌の女性が笑った顔も、このバス旅で初めて見た。なんとかベトナムに入れそうだ。でも、もう少し、こうしてみんなで座っていたいような気もする。

隣に寝るのは誰？　寝台バスの座席選びは難しい（ベトナム）

　薄霧に雨が混じり始めたようだ。グレーのスーツを着た若い女性が足早に歩いていく。頭にはベトナムの帽子として知られる三角笠のノンラーをかぶっている。スーツには似合わないが、ちょっとした雨除けにもなり、実用的で便利なのだろう。

　ベトナム中部の都市ダナン。長距離バスのチケット販売所を兼ねた小さな待合室で丸椅子に座り、三十分ほど街を眺めている。これから約五百キロ南に位置するリゾート地「ニャチャン」に向かう。

　目の前に置かれた練乳入りのベトナムコーヒーは既になくなった。販売所を一人で切り盛りするサンダル履きの若い女性がサービスで出してくれた際、彼女は「soon」と英単語を使い、バスはすぐ来ると言っていた。「すぐ」という時間の感覚は人種や住む地域によって違う。もっと言えば人によって違う。僕が旅を続けたことで得た物の一つに時間感覚の多様性を受け入れられるようになったことがある。何の役に立つかと聞かれると困るけれど。

雨が混じったくらいでは、この国のスクーターの走る数は減らないようだ。一台のスクーターが停まり、カラフルなマスクをしている運転手が降りてきた。マスクは排気ガス対策だが一つのおしゃれアイテムでもある。彼は日傘の下で売られている透明な瓶に入った質の悪そうなガソリンを給油した。

突如、スクーターの波の中から大型の白いバスが現れ、徐々に近づいてきた。まるで小魚を追うくじらのように。

バスはウィンカーを点滅させ、右側に寄り、販売所の前で停まると扉が開いた。中年の男性運転手とチケット販売所の若い女性がベトナム語で二言三言話し、彼女は僕を手招きした。どうやらこのバスで移動するらしい。

スーツケースは小さいがリュックと一緒に車内に持ち込むには邪魔なのでトランクルームに入れてもらおうと指さすと女性は顔をしかめ、「早く乗れ、乗れ」と追い立てる。男性運転手もトランクルームを開ける気配はない。

仕方なく、スーツケースを持ったまま、車内に足を踏み入れた。

「うわっ……」

思わず声が漏れる。こんなバスは見たことがない。二段ベッドが三列の状態で前から後部座席まで並んでいるのだ。僕の声にベッドから何名かの欧米人が顔を出した。まるで映画などで見る軍隊の宿舎か収容所にでも入ったような感じである。ホテルでバスを予約した際、「スリーピングバス　OK?」と確認されたのはこういうことだったのか。てっきり夜行バスのことを「スリーピングバス」と言うのかと思っていた。

呆然と立ち尽くす僕に中年の運転手はベトナム語で何やらつぶやき、右手を上下に揺らした。そこに座っていろということなのだろう。既に扉は閉まり、バスはゆっくり動き始めていたのである。運転手に言われるがまま、入口のステップのところに座った。

座ったまま後ろを振り返り、空いているベッドを目で探る。どのベッドも人の気配を感じる。水に濡れたら文字が消えてしまいそうな小さなバスチケットを再度、確認した。座席番号は書かれていない。自由席で誰かが降りないとベッドを使えないのだろうか。そんなバカな……と日本なら思うことも世界に出てしまえば普通にあり得ることなのだ。まさか五百キロこのままじゃないよなぁと思いつつ、再びベッドに目をやる。

何か変である。二段ベッドの上段から客のパーカーらしきものの袖が、だらしなく垂れ下がり、ちらほら見えた欧米人たちの顔は疲れきっている。長い旅の後の疲労感が車内全体に漂っているのだ。

あちこちで荷造りしている空気も感じられる。一番前のベッドの上にいる眼鏡の細身の欧米人男性は自分の周囲にある物をリュックに詰めていた。

十分ほど走っただろうか。霧雨も上がり、ワイパーを止めたバスはハンドルを切り、ビルの前の駐車場に停まった。扉が開き、運転手は手で追い払うように僕に出ろという仕草をする。

戸惑いながら荷物を持って、一旦、バスを降りた。展開が読めない。降りた場所はバスが二台も停まったら、いっぱいになってしまいそうなスペースで、バスのターミナルとも思えない。

リュックを持った乗客が疲れた表情で続々と降りてくる。僕はバスガイドのようにドアの脇に立ち、彼らを眺めていた。バックパックのリュックを背負って、すぐ立ち去る若い男性、少し離れた場所でガイドブックを広げる中年女性、地図を眺めている高齢者カップル……乗客は全て欧米人だった。

どうやら、このバスは「ダナンから」ではなく、「ダナンに」到着したようだ。全ての乗客が降りるとバスの運転手はトランクルームの中に何も残っていないかを確認した。

「ニャチャン？　ジス　バス？」

チケットを見せながら確認すると彼は面倒くさそうにうなずいた。折り返しでニャチャンに向かうらしい。

バスの前に行き、フロントガラスを見て確認しようとするが行先などの表示は書かれていない。バスが停まっている場所にも特に案内らしき表示板は見当たらない。ビルの前で旅人らしき欧米人たちがたむろしているだけ。

バスの扉は開いているので乗り込むことにした。行先が間違っていたら降ろされるだろう。もし、間違った場所まで連れていかれたら、その時はその時である。決して治安の悪い国ではないのだから。不安でびくびくしている自分に言い聞かせる。

スーツケースだけを預けようかとトランクルームの前まで持っていったが、盗難もしくは忘れ物と間違えて出発前に降ろされてしまうなど様々な可能性を考え、持ち込むことにした。

人の気配はなく、ところどころカーテンが閉まった誰も乗っていないバスの車内は不気味だった。

狙っていた一番前のベッドの上段に荷物を投げ込み、一旦梯子を上ってみる。ベッドの上のブランケットもシーツも乱れたままである。ベッドメイキングなんてものはないのだろう。だったら、きれいな女性が眠った後の方がいいなぁと邪《よこしま》なことも考えるが、ベッドの位置の方が優先度は高い。そもそも女性がどこに乗っていたかなど今となってはわからない。

靴を脱ぎ、底を上にしてベッドの隅に置き、敷きマットに上がってみる。天井裏にでも上ったようで、バスの車内を上から見るというのは新鮮である。しかも、一番前はフロントガラスから外の景色も寝転がって眺められそうだ。

シーツらしきものの皺を伸ばし、ブランケットを畳む。その際、頭や膝を天井やベッドの柵に何度もぶつけてしまう。まだ、この高さと狭さに慣れていない。バスに二段ベッドを三列も入れているのだから仕方がない。ぶつからない動き方もすぐに慣れるだろう。子供の頃、狭い押入れの上段に様々な物を持ち込み、基地ごっこをして遊んだことを思い出す。

足元に置くか枕元に置くか荷物の位置を探っていると最後部のベッドに目が留まっ

た。最後部は五つの座席が並ぶ通常のバスと同じように五つのベッドが並んでいる。仕切りの柵はないので広い空間に見える。長距離移動だと少しでも広いベッドの方がいい。再び靴を履いて、荷物を降ろし、後部座席に向かった。

最後部の右端上段のベッドに再び荷物を放り投げ、梯子を登り、靴を脱ぐ。やはり柵がなく五つ並んだベッドの方が広々としている。まるでデパートや病院にあるキッズスペースのようだ。

しかし、ブランケットが五枚あるということは五名寝ることもあり得るということだ。ここまで来る途中のバスの車内を思い出そうとするが寝台バスの圧迫感に圧倒され、一番後ろの状態などとても確認する余裕はなかった。

もし、五名並んで眠ると逆に、かなり狭くなる。それなら柵があってもプライベート空間を持つ三列ベッドの方がいい。隣にきれいな女性が寝るのなら別だが……と再び邪な想像をしてにやけ顔になり、次に体臭の強い巨漢の欧米人と添い寝することを想像し、身震いした。

様々な可能性を想像しながら迷っていると欧米人の乗客が三名続けて乗ってきた。最初に入ってきた旅慣れていそうな欧米人の中年男性は真っ先に最後部の左端、つまり僕の反対側のベッドに陣取った。これで確信した。やはり最後部の上段の端が一番いいベッドの位置で、このベッドを五名で使用する可能性は低いのだと。

出発するまでは一応、隣のベッドを空けておき、荷物は頭の後ろに置いた。最後部のベッドは前方のベッドより枕の後ろのスペースも広い。しかもこれで隣のベッドも空いたらさらにスペースは広くなる。これは快適な旅になりそうだ。

その後、ぽつりぽつりと乗客が乗り込んできた。出発時間はよくわからないが、この「ぽつりぽつり」の調子であれば、ベッド全てが埋まるということはないだろう。

乗客は欧米人ばかりだった。ベトナムのバス旅は、まだまだ中国人はじめ東南アジアの人々の間では知られていないのだろうか。

しばらくするとツアー客でも乗ってきたのか、どどどどっ……と客がなだれ込んできた。

「えっ？」

と思っているうちに、前のベッドはほぼ埋まってしまった。素早く目で確認した限り、三列ベッドの空きは一つか二つ。まずい。満席になるかもしれない。再度、移るなら今だ。

その時、運転手が乗り込んできた。よし、出発だ。出発してしまえば、こっちのものである。「これ以上、乗るなよ」と念じた。心拍数も上がっている。こんなことなら最初から前のベッドにすればよかったのだ。運転手が後ろに向かいながら、空いているベッドを指さして数えている。僕の隣のベッドも指さしていた。そして一旦、バスを降りていった。まさかと思ったが、そのまさかだった。すぐに、欧米人が五名乗り込んできた。時既に遅し。僕はベッド選びに失敗したのである。結局、満席。

僕の隣のベッドには痩せた若い欧米人の青年が上ってきた。閉鎖する炭鉱を描いたイギリス映画に出てきそうで陰気な感じを漂わせている。彼は僕を見ると露骨に嫌な顔をした。東洋人が嫌いなのだろうか。それとも生理的に受け付けない顔なのか。

彼はリュックをどこに置こうかと四苦八苦し、彼の荷物が僕の身体に当たった。思わず僕の口から「ソーリー」と謝罪の言葉が出てしまった。僕は何も悪くないのに。しかも彼は無反応。

欲張らずに前のベッドにしておけばよかったのだ。後悔の入り交じった小さなため息をつき、青年に背を向けた。

車窓に映る眼下の街はスクーターに乗った人たちの頭であふれ、歩道では天秤にぶらさげたフルーツの籠を持って歩く初老の女性や忙しなく歩く若者たちがいる。窓に流れる夕暮れのダナンの街を眺めているうちに気分は落ち着いてきた。しかし、どうも寝心地がよくない。ベッドに横たわるので普通のバスに比べれば身体の姿勢は楽だが、同時に身体全体でバスの振動を受けることになる。熱したフライパンの上のポップコーンのように身体のあちこちが小刻みに揺れるのだ。バスの一番後ろのベッドだからかもしれない。その振動にも次第に慣れ、心地よいリズムに感じ始めると、いつしか眠っていた。

ふと目を覚ますとバスが停まっている。カーテンをめくると裸電球の下で欧米人たちが煙草を吸っていた。どうやら休憩場所のようだ。その光景を見たら急に尿意がわきおこった。トイレにだけは行っておこう。

しかし、ここからが大変だった。ベッドから降りる梯子は隣で眠っている欧米人男性の足元にある。靴も履かなくてはいけない。隣のベッドが空いていれば、一旦、隣のベッドに移り、階段に足をかけて靴を履き、悠々と降りることができるが、それができないのだ。

せめて靴ではなくサンダルにすればよかった。しかし、サンダルはリュックの底にしまい込んでしまい、この狭い空間の中で広げるわけにもいかない。そもそも今から出すのもおっくうだ。そんなことをしている間にバスが動き出してしまうかもしれない。トイレに行きそびれたら、もっと大変だ。次、いつ停まるかなんてことはわからないのだから。

右と左のスニーカーの紐を一緒に結んで一つにまとめ梯子にひっかけた。そして、隣で眠っている青年の身体に触れないよう、両手でバランスを取り、できるだけ彼のマットを踏まないよう、つかむ手すりの位置を考え、天井にぶつからないよう身体をかがめ、梯子を下りていく。靴下で下り、その後でスニーカーを履いてから外に出た。

日本の道の駅やサービスエリアと呼ばれる休憩所とは程遠く、駄菓子屋の軒先のような場所に裸電球がぶら下がり、その前に欧米人たちが群がってペットボトルの水を飲み、煙草をふかし、談笑している。

夜になり、さらに気温が下がったようで空気はひんやりしていた。ベトナムは暑いイメージはあるが、南北に千六百キロある国なのだ。北部、中部では十二月にもなれば夜は肌寒い。

暗いトイレで用を済ませると早々に車内に戻った。車内は人が発する熱が籠もるのか暑い。再びスニーカーを脱いで左手に持ち、注意深く右手で梯子をつかみ上っていく。

隣の青年に当たらないように、スニーカーをそっと自分のベッドの足元に置き、自分の寝床に戻る。気を使い過ぎたせいか完全に目が覚めてしまった。

バスのエンジンがかかるとクーラーの吹き出し口から風が出てきた。出発した時には気づかなかったが、天井に近いということはクーラーの吹き出し口にも近いのだ。急に寒く感じられ、ブランケットをかぶった。それでも足りない気になり、枕にしているリュックの中から手さぐりでウィンドブレーカーを取り出し、上に羽織り、チャックを首まで上げた。

これだけで体温が籠もり、暖かくなる。暖かくなると眠気も訪れる。再びうとうとし始めた時だった。いきなり背中に衝撃が走った。青年が腕を後ろに動かしたようで僕の背中に肘が当たったのだ。決して痛みが残るほどではないが、もし、顔に当たっていたらと思うとぞっとする。心地よく眠ろうとした時に起こされたことと謝罪の言葉もないことに対する腹立ちで上半身を起こし、青年の方を向いた。しかし、青年は何事もなかったかのように眠っている。単に寝相が悪いだけのようだ。不可抗力なので仕方がないが彼に対する腹だたしさのレベルが一段階上がった。

最後部のベッドに並んだ五名の男性はベッドの横幅が狭いので誰一人上向きで眠っている者はおらず、みな同じ方向を向いている。逆方向にすると顔を突き合わせて眠らなければならない。僕だけが逆方向を向き、青年と背中合わせで眠っていた。

次に目覚めた時には僕のブランケットがなくなっていた。周囲を見回すと青年が二枚使っているではないか。つまり僕のブランケットを奪い取っていたのだ。彼が乗り込んできてから今までのことが走馬灯のように思い出され、彼の背中を見ているうちに、我慢ができなくなってきた。

ブランケットを取り返そう。とはいっても気が小さい僕はブランケットの端をつかみ、そっと取り去ろうとした。しかし、彼は足を重りにしているので取れない。仕方なしに容赦なく思い切って引っ張った。彼がぴくっと動き、一瞬、足を動かし、ブランケットが抜け、無事、僕の元に戻ってきた。こんな調子では、きっとニャチャンに到着する頃にはヘロヘロになっているだろう。ダナンでバスから降りてきた疲労感満載の欧米人の乗客たちの顔を思い出した。

北海道から沖縄まで高速バスで行ってみる（日本縦断）

鹿児島発のフェリーは奄美大島や与論島など四つの島に立ち寄りながら、約二十四時間かけて東シナ海をゆっくりと進み、沖縄本島の北西に位置する本部《もとぶ》港に到着した。そこで下船し、高速バスで那覇に向かう。五日間の日本縦断の旅は終わろうとしていた。

飲み会で次の旅を聞かれ、北海道から沖縄まで縦断すると答えると、「いいなぁ」「どこ泊まるの？」とうらめしそうな顔をされる。しかし、「高速バスに泊まりながら」とつけくわえた途端、「マジ？」「きつそ〜」と眉間に皺が寄り、「歳なんだから無茶しない方がいいって」などと言い始める人まで現れた。

ありがたく拝聴するが、臆病な僕の無茶などエベレストに登る冒険家に比べれば、かわいいものである。命の危険があるわけでもない。小さな無茶をやり遂げると次の小さな無茶が見えてくる。それを続けているうちに人生の歩みは濃くなっていく。濃くなる必要なんてないけど人生がおもしろくなる。

フェリーが停泊し、降りる際、中年男性の係員に那覇に行くバス乗り場を尋ねると「え？　この船は那覇まで行きますよ」と鳩が豆鉄砲くらったような顔をしていた。

高速バスに乗っても二時間かかるのだから船の方が効率がいいことはわかっている。それを物語るかのようにフェリーターミナルに面した国道449号線沿いのバス停で待っていたのは僕一人だけだった。本部港でわざわざ下船し、ここからバスで那覇市に向かう人は、いないらしい。

高速バスで日本縦断しようと思って始めた旅である。船で終わるのではなく高速バスで終わりたかった。沖縄本島には名護市から那覇市まで約六十キロの沖縄自動車道を走る高速バスがあるのだ。

バス停に立っていると沖縄の太陽が容赦なく降り注ぐ。秋の沖縄はまだまだ暑い。札幌の肌寒い夜が懐かしい。

五日前、岐阜の自宅を出発し、中部国際空港から札幌まで飛行機で飛んだ。札幌市内の繁華街「すすきの」で札幌在住の友人たちと地ビールを飲んだ後、見送られるようにして札幌から函館まで深夜バスで移動する。二日目は早朝、函館駅に到着し、函館港からフェリーで青森まで向かう。乗船時間は約四時間で船内は横になるスペースもあり、深夜バスの浅い眠りを補うために二時間ほど眠り、残りの二時間は甲板で、スマホの地図で現在地を確認しながら、下北半島の入り組んだ地形を眺めていた。青森市内では駅前で自転車を借り、半日ほどぶらぶらしてから、スーパー銭湯に入ってビールを飲み、東京駅に向かう深夜バスの出発時間まで映画館で過ごした。三日目は、東京駅でラーメン屋と老舗フルーツ店と朝食の梯子をしてから、早朝からやっている上野の銭湯に行き、ついでに上野動物園に立ち寄り、東京に住む妻とバスターミナルのある新宿で飲んだ後、博多行きのバスに乗った。日本一長い距離を走る高速バスで乗車時間は十四時間。過酷に感じるかもしれないが個室やらビジネスシートやら高速バスもここまで進化したのかと感じられるほど快適なバスだった。四日目は博多の繁華街「天神」にあるバスターミナルから鹿児島まで約五時間かけて移動し、夕暮れの桜島を眺めながらフェリーに乗り、甲板のベンチに寝転がり、売店で購入した奄美大島の黒糖焼酎を飲みながら満天の星を満喫するなど約一日かけて沖縄までたどり着いたのである。

こうして文章でざっと並べると意外にたいしたことはない。言うのは簡単だけど、やってみると難しいことも多いが、無茶だと思うことも、やってみるとたいしたことじゃないこともある。

もちろん、それなりにトラブルはあった。同じ港でも行先やフェリー会社によって出発するフェリーターミナルは違う。電車のように階段を使ってホームを移動するというわけにはいかない。一つ間違えるとかなり遠い。鹿児島港で種子島行きのフェリーターミナルに行ってしまい、沖縄行きのフェリー乗り場に移動するのに同じ鹿児島港の中をタクシーで走った。とはいえ、これは単なる僕の不注意によるトラブルだ。トラブルが少ない快適な旅で拍子抜けしてしまうくらいである。

行先が明記されていない青い車体のバスがやってきた。ドアが開くと人懐こそうな運転手が「那覇空港行きです」と口頭でアナウンスしてくれる。

整理券を取って乗る後払い方式の高速バスだ。車内には旅慣れていそうな中年の欧米人カップル、新婚らしき日本人カップルなど何組かの乗客が乗っていた。このバスは美《ちゅ》ら海水族館や本部町にあるリゾートホテルを通ってくるので、おそらくそのあたりから乗ってきたのだろう。沖縄県は那覇市にモノレールがあるくらいで基本的に電車はなく、バスは貴重な移動手段になる。

名護市役所の前で停車し、何名かの乗客を乗せた直後だった。エンジン音が不安定になった。現在、僕はおもちゃのような車「ミゼットII」を所有している。二十年前に生産された古い車なので、エンジン音が不安定になることがあり、「あっ？　これ止まるぞ」という感覚は長くつきあってくるとわかる。このバスもそれに似た音を出していた。案の定、次の信号で停車するとエンジンが止まってしまい、警告音のようなアラームが鳴った。それでもキーを回すとすぐにエンジンがかかり、ニュートラルの状態でアクセルを吹かしてエンジン音を安定させて発進する。しかし、また、次の赤信号で止まってしまった。

座席の背もたれの裏面には「走行中はシートベルトを着用してください　千葉県バス協会」なるステッカーが貼られている。沖縄を走る前は千葉県を走っていたのだろう。東南アジアなどで日本語表記のバスを見かけることはあるが、日本国内で、払い下げの車体を使用しているバスに初めて乗った。バスにも人生ならぬバス生があるのだ。

「バスの調子が悪いんよ」

のどかに感じる独特のアクセントで沖縄に入ったんだなぁと実感する。運転手は会社に携帯電話で連絡しているようだ。運転手が焦っていないので車内にも緊迫感はない。

ブレーキが利かないわけではなく、エンジンのかかりが悪いってだけのことである。運転手の会話の端々から想像すると会社は替えのバスを準備するが時間がかかりそうなので、それまでもう少し、このバスで走ってみようという方針に落ち着いたようだ。もちろん大きな故障につながる可能性もあるので緊急点検は必要だろうが、様々な面で潔癖症の国になりつつある日本で、こういったゆるい出来事に出会うとほっとする。

その後の信号待ちで再びバスは止まってしまった。

斜め前の若い女性が隣で眠っている男性を揺り起こす。

「ねぇ、ねぇ、このバス大丈夫なの？」

男性は寝ぼけ眼《まなこ》で女性から状況を聞く。だからといってどうすることもできない。男性は車内をきょろきょろ見回すだけ。しかし、車内はいたって落ち着いたものである。都会であれば、「危険じゃないか」と声を荒らげる人や鬼の首でもとったかのようにSNSで拡散する人もいそうだ。話題になれば、運転手はつるし上げを食らい、会社は平謝りし、改善策を講じるだろう。騒ぎたてる人がいて、それに合わせて善悪や真偽の判断もしないまま一斉に攻撃する人たちが現れることを恐れ、失敗しないことが最優先されるようになり、どんどん息苦しい世の中になっていく。「生きていれば、これくらいのこともあるよね」って受け入れると人生は楽になる場合も多いんだけどね。

バスは国道58号線に入り、陰り始めた太陽が海にきらきら光る景色を作っている。加速するにつれ、エンジン音も安定し、順調に走り始め、許田《きょだ》インターから高速道路へ入っていく。

いよいよ高速バスの本領発揮だと思ったら、すぐにスピードを緩め、伊芸《いげ》サービスエリアへ入ってしまった。どうやらトイレ休憩のようだ。僕は途中から乗車したので三十分程度しか乗っていないが、美ら海水族館近辺からの乗客は一時間半近く経っているのだ。

それでも乗客は、ほとんど降りていかない。降りたのは僕と中年の欧米人夫婦だけ。僕はトイレに行きたくなくても、どれだけ停車時間が短くてもサービスエリアでは降りることにしている。高速バスだけに限らないが、長時間移動になると肩凝りや腰痛になりやすくなる。今回の旅に関して言えば身体の不調は一度も感じていない。体調がいい時期にあたっただけかもしれないし、身体も人それぞれなので一概には言えないが、サービスエリアで降りることが体調管理の役に立っているとは思う。立つことや歩くことで血行がよくなる。バスを降りたら軽くストレッチもする。背伸びし、腰をひねった後、前屈をする。右手を上から左手を下から、それぞれ背中に回して手をつなぎ、逆側もやる。どこで見たのか、誰に教わったのか今となっては覚えていないが、テレビや雑誌、インターネットで見た健康法の中で自分に合ったものだけが自然に習慣として残った感じである。二、三十代の頃、特に肩凝りがひどく、整体にもマッサージにもよく通っていたけれど、これらの一連の簡単なストレッチが習慣になってから肩凝りは嘘のようになくなってしまった。

整体師と飲んだ時、肩凝りは肩甲骨周りがほぐれているかどうか、腰痛は意外に腰ではなく、お尻や太ももの柔軟性があるかどうかがポイントになる場合が多いと言っていたので、僕の我流ストレッチも悪くはないのだろう。

もう一つサービスエリアで必ず降りる理由がある。高速バスだけではなく、日本のサービスエリアも年々、進化している。昔のサービスエリアはスキー場や海の家のように、ご飯はカレーかラーメンなど、お腹にたまればいいといったものが多かったが、今は食べ物にしろ、土産物にしろ、その土地ならではの物もたくさん売られている。物色しながら一つか二つ買って、車内でつまみながら車窓を眺める時間も楽しみである。伊芸では沖縄のアイスクリームブランド「ブルーシール」で、さとうきび味のアイスクリームを買った。

バスに戻ると、ドア付近で運転手が携帯電話を耳にあてウチナー語独特の語尾「さ〜」を連発しながら笑っていた。ストレッチなどしなくても彼の口調を聞いているだけで身体が緩みそうだ。さて、残り一時間半程度で、この旅も終わる。高速バスでの日本縦断の旅をもう一度やりませんかと誘われれば、躊躇なく、「いいですよ」と答えるだろう。

同じ場所でも同じ景色ではない周遊バス（メキシコ）

「今日の雲は流れが速いよ」

屋根がない二階建てバスから空を見上げながら、今回の旅に出る直前に逝った友人のカメラマンにつぶやいた。彼女は普段はミュージシャンのポートレートを中心に撮影していたが、ライフワークで雲の写真を撮り続けていた。

闘病中、一時退院で近しい友人数名と飲みにいった際、「いつか、このメンバーで旅に行きたいなぁ」と彼女は乾杯の音頭をとり、それが僕が彼女と過ごした最後の時間になった。

葬儀に参列した際、頑なに棺の中を見なかった。彼女のはじけるような笑顔の記憶が棺の中の彼女の顔と入れ替わりそうで怖かったのである。「あいかわらず臆病だなぁ」と彼女がからかう声が聞こえてきそうだった。「来月から長い旅に出るからついてきてよ。ただ、幽霊で出ないでね。怖いから」と遺影に向かって手を合わせた。

スモッグなのか雲なのかわからないインドの空、雲の切れ間から光が降り注ぐ「天使のはしご」をよく見かけたリトアニアの空、綿菓子のような雲が浮かぶスペインの空、いつも曇っていたペルーの空など雲に意識が向かうと彼女に声をかけながら世界一周の旅を続け、最終目的地メキシコに着いた。

ニューヨークやロンドンの渋滞も激しいが、メキシコシティの渋滞も慢性的である。一時期、世界最悪の渋滞とも言われ、行政は躍起になって公共交通機関の充実や自転車が走りやすい環境などいくつかの施策を考えているそうだ。

そんな渋滞の街を周遊する真っ赤なバスは「トゥリブス」と呼ばれ、よく目立つ。市内に三つのルートがあり、ルートにもよるが、一周だいたい二時間半から三時間くらいかけ、中心部のソカロ、美術館や博物館、スペイン統治下で建てられたコロニアル建築が多い地域、ガラス張りのビルが建ち並ぶ近代的なオフィス街など時空を超えて様々な場所へ連れていってくれる。乗り降り自由なので好きなところで降りて散策して、またバスに乗ることもできる。三十分ごとに走っているので、ある程度の目安にして動けば、ストレスもなく、たいていどれかのバスには乗ることができる。

メキシコシティではルチャリブレなるプロレスを観ることくらいしか予定を決めていなかったので、この周遊バスに乗り、街並みを眺め、街の雰囲気を多少なりとも感じながら、今後の予定を組み立てていた。

バスはメキシコシティオリンピックの体操競技場として建てられたアウディトリオ前まで戻り、しばらく停車する。「トゥリブス」のスタート地点と考えられていて、ここから乗車する人も多い。ホテルから近い僕もその一人。二階席は人気があるので座れないこともあるが、ここから乗れば座ることができる可能性は高い。とはいっても乗客は頻繁に乗り降りするので、どこから乗っても、いくつかの停留所を過ぎれば座ることができる。

さて、昨日を含めて次で四周目に入る。途中下車してぶらぶらすることもあるが、昼食以外は、ほぼ乗りっぱなし。屋根なしの二階建てバスは気持ちいいのだ。このバスに関して言えば、メキシコシティの渋滞はあった方がいい。ちょうどいい具合にゆっくり進むので、じっくり街を眺められるし、歩行者などの動きも観察しやすい。

街中には様々なベンチがアート作品として置かれている。人間の形にくりぬかれたベンチ、手の平の形を背もたれにしたベンチ、カバの背中に乗るかのようなベンチなど、「あっ、ここにもあった」などと何周してもまだ見逃していたベンチに出会い、それを探すことが楽しみの一つになっている。

渋滞ならではの商売人も現れる。止まっている車の窓ガラスを前から順番に磨いてお金を要求する中年男性もいれば、車の間を縫うようにしてガムや煙草を売る中年女性もいる。そんなの売れるのかなぁと思うが、キリスト教徒が多いことが関係しているのか国民性なのかわからないが、予想以上に車の窓が開き、お金を差し出す人を見かける。はたして同じことが日本の渋滞の中で起きたとしたら、日本人はお金を差し出すだろうか。

横断歩道で大道芸人が新体操で使いそうな小型のボールを右手から肩、背中、左手まで転がす技を披露して、運転手に投げ銭のようにチップを要求する。これも渋滞しているからこそ、できることなのだろう。

もっと手っ取り早く、「ミルク代をくれ」といった感じでドライバーに懇願する子供を抱いた母親も現れる。母親にしては歳をとりすぎている女性もいれば、逆に妹を抱いているようにしか見えない小学生くらいの女の子もいる。学校には行っていないのだろうか。赤ん坊をレンタルして稼ぐ人たちがいると聞いたことのある東南アジアのことを思い出し、それに照らし合わせて観察する。

こうして観察していられるのも、歩道や車道で形成される世界から隔離された二階席ということは大きい。運転していたり、タクシーなどに乗っていたりしたら、自分への利害関係から、うっとうしいと思ってしまうこともあるだろう。

バスはレフォルマ通りを走り始めた。フリーパスを記すリストバンドと一緒に配られるイヤホンを座席の脇に差し込み、ガイドを聴いている人も多い。昨日は僕もずっと聴いていた。このガイドは様々な言語に対応していて、日本語のガイドもあるのでありがたい。

車内で女性の楽しそうな悲鳴と笑い声が聞こえる。車道にはみ出している街路樹が二階建てのバスの乗客の上になめるように覆いかぶさってくる。乗客には当たらないが、気分的に首をひっこめる。渋滞だから笑い声になるが、速い移動だったら恐怖の方が大きくなるだろう。

中央広場ソカロの近くに来るとバスはさらに進みが遅くなる。口元にハンカチを当てていた中年の欧米人女性が、隣の男性にしかめっ面でまくしたてて一階に降りていき、二階からのカメラ撮影を楽しんでいた彼もカメラの蓋をして、「やれやれ」といった感じで、ついていくように下りていった。奥様は車の排気ガスや紫外線が気になるのだろう。車内を見回すと帽子をかぶり、サングラスをかけ、口の周りまでスカーフを巻き、コンビニ強盗でもしそうな恰好の女性も多い。

歩道の歩行者も多くなってきた。迷子対策で子供の腰に紐をつけて歩いている親子がいる。まるで犬の散歩でもするかのように。日本だったら物議を醸しそうだが、誘拐が多いメキシコにおける一つの知恵である。

昨日見かけた、電線に紐で引っかかっていた片方だけの黒いスニーカーもそのままだ。どんなシチュエーションで、黒いスニーカーがこんなところまでやってきたのか。手を伸ばし、触ろうとする乗客もいる。バスに乗っていた人が悪戯でやることも可能だが、夜中に酔っぱらって下から靴を放り投げ、引っかかった可能性の方が高そうだ。

メキシコの夏は雨季にあたり、昨日は、一日中曇り、時には雨がパラパラと落ちてきて肌寒く、ウィンドブレーカーを羽織っていたが、今日は天気がよく、体感温度もちょうどいい。

うとうとしていると、「おぉ〜」と驚く声がに車内から起きて目を覚ます。裸の男たち三十名程が叫びながら歩道を歩いている。身につけている服は紐パンのようなものだけだ。隠した股間の部分に顔の写真が貼られている。写真の人物に対する抗議活動なのだろう。裸ではあるが帽子と靴だけは身につけている。裸に帽子は一見、滑稽に見えるが、テンガロンハットであるところに迫力を感じる。牧場や農業に携わる人なのかもしれない。

近くに座っていた欧米人のグループから「ネイティブ」という単語が聞こえる。後から調べてみると居住地を追い立てられた先住民「プエブロ」の農民による抗議デモだった。彼らがいるだけでソカロ地区が、昨日とは全く違った場所に見えてくる。

「同じ場所でも同じ景色はないからね」

カメラマンの彼女がよく言っていた。カメラのレンズを通して世の中を見ていると、風景は光によって全く違う表情を見せ、それは常に動き続ける。その一瞬を捉えるのが彼女たちカメラマンの仕事である。同じような日はあるけれど、同じ日というのはなく、その典型的な例が彼女にとっては空、雲だった。同じような雲が浮かぶことはあるけれど、全く同じ雲はない。

彼女と出会ってから旅先の景色の見方が変わった。同じ風景を何度も見るようになった。太陽が照っている時と曇りの時とでは感じ方は全く違う。同じバスに数えきれないほど乗っても、車窓から見える車や歩道を歩く人は毎回違い、徐々に自分が気に入った場所というものが出てくるし、逆に同じ場所だからこそ、ほっとする場合もある。同じ映画を観ていると気に入ったシーンが出てきたり、その後の展開がわかると安心して観ていられることに似ている。十年前の僕であれば周遊バスに二日も乗り続けるなんてことはなかっただろう。

「うそだぁ。また、カッコつけて」と彼女にからかわれそうだ。確かに昨晩、ホテルのバーで飲んだテキーラが身体に残り、二日酔い気味で歩きたくないということもある。この街は標高二千二百五十メートルと富士山五合目に街があるような感じなので酔いが回りやすいのだ。

あれだけ晴れていたのに、いつしか空は雲に覆われていた。今日は、ウィンドブレーカーをハンガーにかけたまま忘れてきてしまった。

「雨が降ると困るんだよね。頼むよ」

世界を一周している間にいつのまにか空の状態が悪いと彼女にお願いするようにもなっていた。

「知らないよ。そろそろ歩きなよ……というか、そろそろ思い出さなくてもいいよ……というか解放してくれ」

彼女があきれて言っているような気がした。さて、次あたりで降りますか。

コミュニティバスで高齢化社会を考える（岐阜）

車窓から、すっかり日常になった風景を眺めていた。地域に馴染むことに苦労した町である。「一週間もいればその町の空気に身体が馴染み始める……」などと、どこかに書いたことが恥ずかしくなる。僕は人見知りだが相手から話しかけられれば笑顔で応えることはでき、今までの人生は、たいていそれでしのいできたし、それなりに楽しい人間関係を築いてきた。しかし、「今まで」は、あくまで「今まで」だった。

町の行事に出ても誰も話しかけてこない。誰かが話しかけてきたら笑顔で返すんだけど……などと甘いことを言っていてはダメなのだ。一念発起して散歩中に会った住民に挨拶してみたが無視された。挨拶といっても口でもごもご言っているだけで何を言っているのかわからなかったのか。それよりも職業不詳の得体のしれない金髪の中年男と関わりを持ちたくなかったのかもしれない。僕は若い頃から白髪が多く、それを隠すために三十代はほとんど金髪で過ごし、四十代になって、この町に移住してからも同じ髪の色で過ごしていた。

近所に空き巣が入り、自宅に刑事がやってきてアリバイを聞かれ、証人まで必要だったことがある。つまり疑われたのだ。平日の昼間に、ふらふらしている金髪の中年男は目立っていたようだ。証人になった母は僕が疑われていることより、どこに泥棒が入ったのかの方が気になって仕方ないらしく、個人情報だから教えられないと刑事が言っているのに、「で、誰のところ？」「●○さんところ？」と食い下がった。僕は、この事件をきっかけに丸刈りにした。「それじゃ、まるであんたが泥棒して反省したみたいやね」と母はからかった。しかし、それから町の人が少しずつ話しかけてくれるようになった。やはり見た目は大事らしい。その時には既に、この町に移住してから半年が経っていた。

それをきっかけに少しずつ町に馴染み始めた。このコミュニティバスを利用するようになったのもその頃である。僕は車の免許も持っているし、東京でも車を所有していた。しかし、普段は公共の交通機関で移動し、車はほとんど使っていなかった。それにもかかわらず、毎月のようにかかる高額の駐車場代、それに加え、保険代や車検代などの維持費を考えると馬鹿らしくなり、移住する際に処分してしまった。

「あれ？　免許持ってるんだ？　なら、どうして車に乗らないの？」

この町に馴染むために入った消防団で消防車を運転する度に何度も聞かれたことである。「貧乏だから」と答えたものの数万円程度の低金利ローンで新車が購入できる世の中では説得力がない。

「田舎暮らしこそ車は必需品でしょ？」

と言われることも多いが、僕にとって必需品ではなかった。執筆業なので仕事は自宅でしている。出掛ける時は、たいてい帰りに飲みにいくことが多く、車で行くと代行運転を頼むか置いてくることになってしまうので、それなら公共交通機関を利用した方がいい。

在来線の駅は二つあり、自転車で二十分程度かかるが、運動不足気味なのでちょうどいい。雨であれば徒歩五分程度のバス停から民間の路線バスを利用すれば済む。

食材は二週間に一度程度、車通勤の姉が、まとめて購入してきてくれるし、ネット通販を利用すれば、ほぼ何でも揃う。一緒に住む母が週に一度程度通う病院まではタクシーを利用し、毎日のように通う町内の温泉に行く際は、このコミュニティバスを利用すればいい。家のすぐ近くで乗れるのだから。これで僕が車など持っていたら病院や温泉、ちょっとしたことまで彼女の足代わりに駆り出されることは目に見えている。実は、これが僕が車を持たなかった一番の理由かもしれない。

「バスもタダやし、温泉もタダやし、天国やな」

コミュニティバスの中では温泉帰りの高齢の女性たちの会話が聞こえる。町内の高齢者は温泉もバスの運賃も無料なのである。一万五千人規模の田舎町ならではのよさなのだろう。

「車買やぁ（買いなさい）。バスすぐ来うへんし（バスはすぐに来ないから）、時間もかかるで」

このありがたいシステムにさえ、母は文句を言う。自宅近くを通るコミュニティバスは一日四本走っている。母は「四本しか」と言うが、僕からすれば「四本も」無料で乗ることができるバスがあると言い返す。

自分の都合ではなく、四本のバスの時間に合わせて生活するだけのことである。分単位のスケジュールで動かなくてはいけない忙しい身体でもないんだから。

七十歳に満たない僕は百円で利用できる。役場で用事を済ませ、次のバスまで三時間近くある場合は、晴れていれば散歩がてら三十分程度歩いて家に戻ってもいいし、隣に図書館があるので時間をつぶすことはいくらでもでき、ついでに本やＤＶＤを借りることもできる。施設内には手入れされた庭と東海道新幹線の走る様が眺められるカフェも入っているので逆に楽しみが増えるくらいである。

「●●さん、きれいに畑作っとるわ」

田畑の状態を見ながらつぶやいた車内の女性の声で、一斉に乗客の顔が窓に向く。反対側に座っている女性は立ち上がって見る。立ち上がってまで見るほどのことではないが、たったこれだけの話に対しても興味津々なのだから、まだまだ皆様お元気だ。立ち上がった女性の座席の脇には、さつまいもなどの野菜が入った袋が置かれている。温泉でもらったのだろう。それぞれが作った野菜を持ち寄って物々交換のように渡している光景を見たことがある。田舎暮らしは不便なことがないと言ったら嘘になるが、豊かな暮らしも数えきれない程、詰まっている。

ゆっくり走っているバスは、さらにスピードを緩め、停車し、ドアが開く。

「おおきに（ありがとう）。助かるわ」

八十代後半らしき女性が杖で一歩一歩確かめるようにバスを降りていく。停まっているのはバス停以外のところである。バスのルート内であれば、多少の融通をきかせてくれる。バスの運転手も常連客の顔や降りる場所は覚えていて、黙っていても近くで停まり、それに対し、誰も文句は言わない。マニュアルにしばられる世の中で、こういった光景に出会うと、ほっとする。温泉に浸かって口にする「いい加減」で成り立つ世の中の方が幸福度は高くなる。

今の我々が馬を操れないのと同じように「昔は車を人間が運転していたんだよね」というような時代がいずれ来るだろう。確かにそれはありがたい世の中だが、運転手と乗客の間に生まれる温かい光景はなくなる。何かが生まれれば、何かが消えていくのは仕方がないことだけど、せめて、今、生きている時代のよさは味わっておきたい。自動運転の世の中になっても、僕が住む自治体のように運転手の人間性が発揮できるコミュニティバスは残していってもいいとは思うけどね。

「○○さんやないか？　さっきまで温泉におったに（いたのに）、自転車でどこ行くんやろ？」

「喫茶店やないかね。チケット置いとるらしいで」

チケットとは喫茶店で発行しているコーヒーチケットのことである。僕が住む岐阜を含む東海三県は飲み物代だけでトーストや卵、サラダ、店によってはデザートまでつくモーニングなるメニューがあることで知られ、喫茶店文化が盛んなのだ。特に岐阜県は一家庭あたりの喫茶店にかける費用が全国一で、しかも全国平均の二倍以上。毎日、十時と十五時は必ず喫茶店に行くという人の話も耳にする。そういった方は喫茶店が発行する回数券のようなコーヒーチケットを購入したら、そのまま預けておき、店側が切り取っていく。喫茶店によっては、レジ近くの壁に、預かっているコーヒーチケットがずらりと貼ってある店もある。飲み屋で言えば、マイボトルのような感じだろうか。

喫茶店がコミュニティとして欠かせない地域もある。最近見かけない一人暮らしの高齢者の話題になり、店主の女性が心配して電話している光景を見たこともある。もちろん全ての高齢者に合うとは限らない。喫茶店のコミュニティが合う人には合うが、一見の客が入りづらい雰囲気もあり、若い人の中には知っている人がいるからあえて行かないという人もいる。人間関係の濃密さを嫌い、町内のつきあいが煩わしいと思う人も多い。僕もどちらかというと一人で籠もっている方が心地いいが、ずっと一人で生きられる程強くもないし、いざ、町内のつきあいをしてみると煩わしさより楽しさの方が多いことも、この町に住んでみて、つくづく感じているところである。

バスは消防団の車庫の前を通り過ぎる。僕にとって恩人ならぬ恩団である。消防団に入ったことが、この町で楽しく暮らしていくきっかけの一つになっている。自治体が持つ自衛の組織で、火災などが起きた際、消防署のお手伝いをする、もしくは防災の啓発活動をするというのが大きな役割でボランティアに近い。

年齢も職業も関係なく、先に入った人や階級が上の人の指令、命令に沿って動く。馴染みのない世界なので最初は戸惑った。しかし、同じ釜の飯ならぬ同じ瓶の酒を酌み交わすうちに不思議な絆のようなものができていく。まるで大人の部活のように楽しくなっていき、退団してから何年も経つが今も関係は続き、あいかわらず使えない中年男と言われているが楽しい酒を飲む時間を持つことができている。世の中には消防団の組織を時代錯誤と評する人もあり、全国で団員は減少しているらしいが、現代の社会システムに形を合わせながら、防災を通して地域のコミュニティとして活用できる可能性はあると思う。

移住した頃の不安が嘘のようだ。「バスも温泉も無料で、浮いた金で温泉で一杯飲む……なんだか老後も楽しそうだなぁ」という気にまでなってくる。

「そろそろ墓に花を供えてこなあかんなぁ」

「あんた花は何か作っとるんかね？」

テニスコート一面分くらいの墓地が見えてくる。僕の先祖代々の墓もある。僕には子供がいない。姉にも子供はいない。よって、いずれ墓じまいをしようとは思っている。そんなことはこの歳になるまで考えたこともなかったし、避けていた部分もある。僕の家の一番古い墓は嘉永六年、ペリーが来航した一八五三年だ。古いといえば古いが、それでも、百六十五年程度の話である。人間の歴史からすればたいしたことはない。今後、墓に対する考え方も変わっていくだろう。

あぜ道にはヒガンバナの花が見え、車窓を眺めているだけで自然に四季を教えてくれる。降車ボタンを押すとバスは自宅近くのバス停で停まり、ドアが開く。「ありがとうございました」と自然に運転手へお礼の言葉が出る。

バスを降りると、学校から帰ってきた近所の小学生たちと久しぶりに出くわした。

「あ？　イシコに毛がある！」

彼女たちは僕の髪型を見て挨拶代わりに叫んだ。何年も丸刈りでいたので彼女たちにとって今の髪型は違和感を覚えるらしい。ちなみに今はパーマがかかった白髪頭である。

鉄枠につかまり立ちするトラックバス（ミャンマー）

モウラミャインでバイクタクシーに乗る際、これまで一度もヘルメットを着用していない。そんなところは世界中に、まだまだたくさんある。日本から三時間で行くことができるグアムだってバイクのヘルメットを着用しなくても違反にならない。もちろん安全のことを考えれば、ヘルメットをした方がいいことは言うまでもないが、ヘルメットをかぶらないでバイクに乗る気持ちよさは格別だ。風に包まれる心地よさは味わったものにしかわからない感覚なのかもしれない。

そのバス版が、この街では味わえそうだ。通常のバス車両も走っているが、二トントラックやピックアップトラックを改造したバスも走っている。荷台には向かい合わせのベンチシートが二列備え付けられ、鉄枠の頑丈な屋根もつき、屋根の上も荷台になっている。

だいたい一列に五名、二列で十名が適度な乗車人数である。しかし、あくまでそれは僕が日本で身につけた適度であって彼らの適度ではない。座れなければ幌の上に設置された荷台にも人が乗る。日中、気温が三十五度近くまで上がり、年中、湿度が高いので、屋根の上の方が身体に感じる風は気持ちよさそうだ。よって、空いていても座席ではなく、あえて屋根の上に座る乗客も多い。僧侶が瞑想しながら移動しているのを見かけたこともある。単に風を浴びて目が開けられなかっただけかもしれないけれど。

屋根に上がるにはコツがいるし、乗り降りが面倒なので、荷台の一番後ろに張り出している台の上に立ち、鉄枠につかまっているだけの乗客も多い。乗客から運賃をもらう車掌は、たいていそこに立って乗っている。行先を連呼しながら乗客を乗せ、降りる時にぴょんと飛び降りて運賃をもらう。荷台の後ろの乗客が多くなってくると車掌は荷台の横側にぶら下がるように乗ることもある。ミャンマー人は男性も女性も民族衣装である巻きスカート姿なので、それが風になびくとカッコいいのだ。子供の頃に観たアニメ「ヤッターマン」を思い出す。あの立ちスタイルで風を感じながらバスに乗ってみたい。

しかし、車掌が連呼するミャンマー語の地名が聞き取れないので行先がわからない。なので手頃な金額でヘルメットを着用しない気持ちよさを味わうことができるバイクタクシーばかり利用していた。

これでは、いつまで経ってもバスに乗れない。そこで世界一大きい巨大寝釈迦仏と言われる「ウィンセントーヤ」を見にいく際、バスで行ってみることにした。行きはバスターミナルのような場所でウィンセントーヤの写真を見せた。すると乗りたかったトラックバスまで連れていってくれた。まだ誰も乗っていない。トラックの後ろで立ち乗りしようと待っていると外国人ということもあるのか運転手は僕を助手席側まで連れていき、ドアまで開けてくれ、ここに乗って待っていろとボディランゲージで伝えてくれた。その親切心を無視してまで立って乗りたいとは言えなかった。しかも降りる場所がわからないので運転手の隣の方がいい。

バスは出発し、四十分以上乗っただろうか。どんどん山の中に入っていき、門の前で停まり、運転手は、ここを真っすぐ行けと指さして教えてくれた。

ウィンセントーヤは周囲に何もない山の中にぽつんとあり、観光客もほとんどおらず、閑古鳥が鳴くテーマパークのようだった。建て始めてから数十年経っているにもかかわらず、未完成で、これから完成までさらに十年はかかるだろうと、係員はやる気なげに片言の英語で説明してくれた。雨ざらしのせいか既に一部は塗装がはげており、完成させる前に再度、全て塗装をやり直さなければならないだろう。

長い参道を戻り、門を出て山道に出る。さて、街までどう戻るか。バス停などというものはない。きっとトラックバスが通り、停まるのだろう。ちょうどカーブが膨らんだところの脇の草むらの中に停車場のようなスペースがあり、バスが何度も停車した形跡がある。

ついに立ち乗りができるチャンスだ。その時、カーブを勢いよく走ってくるトラックバスが目に入った。人があふれている。車掌らしき人が後ろの端でつかまりながら、こちらをちらっと見て行先らしき場所を叫んだが、僕が眉間に皺を寄せて「ん？　なんて？」と聞き返している間に行ってしまった。

全てのバスがモウラミャインの街に行くのだろうか。いや、行かないだろう。確かトラックに行先は書かれていたはずだ。テントウムシを一筆書きしたようなミャンマー文字は全く読めないが、こんな時のためにヤンゴンで宿泊していた時、ホテルのフロントの若い男性にモウラミャインとミャンマー文字で書いてもらったメモがポケットに入っている。それをヤンゴン駅の窓口で見せて、この街までやってきたのだ。

しかし、見慣れない文字を頭で記憶して手に持っているメモと見比べるのは容易なことではない。しかもバスは走っているのだ。これは無理がある。

しばらくするとバスがやってきた。再び車掌が行先を叫んでいるので耳を澄ませる。「モウラミャイン」という言葉の一部分でも聞こえたらと思ったが、市場のセリのような独特の言い回しで聞き取れず、バスは再び過ぎ去っていった。

こんなことをしていたらいつまで経っても乗ることができない。こうなったら運転手や車掌には申し訳ないが、一台ずつ停まってもらいメモを見せながら確かめるしかない。三台目が来た時、手を上げて、一旦、停まってもらった。トラックの荷台にぶら下がって叫んでいた若い男性のところに走り寄っていき、「モウラミャイン?」と言いながらメモを見せる。右手の指の間に紙幣の束を挟んだ車掌は僕のメモを見ることもなく、「早く乗れ、乗れ」といった感じで促した。

「大丈夫か?」と一瞬、思ったが、これだけの人が乗っているのである。人が集まるどこかには行くだろう。もし、間違っていれば、また、そこで考えればいい。一週間近く滞在し、あれだけ歩き回ったのだから、見覚えのある場所を通ったら、そこで降りて歩けばいいし、最悪はバイクタクシーをつかまえてホテルに戻るだけのことだ。ホテル名もさっきのメモに書いてある。

幌の中の座席は女性客を中心に埋まっており、後ろに立っている男性たちの間に入れてもらった。念願の立ち乗りである。振り落とされないように、ちょうど目の高さくらいにある幌を覆う鉄枠を両手で握る。

トラックは走り始めたが、バイクタクシーの後ろに乗っている時のような激しい風は浴びない。幌が風よけをしてくれ、周囲をなでるようにして風を逃がしていく。これはこれで心地いい。

車掌はあいかわらず、独特の言い回しで乗客をどんどん乗せていく。もう後ろに立つスペースもなくなり、後から乗ってくる男性客たちは鉄枠につかまるとひょいと屋根に軽々と上り、慣れた感じで座る。

女性はできる限り、幌の中の椅子に乗せてあげることが暗黙のルールのようで、女性が乗ろうとすると座っていた男性客はサッと立ち、席を譲って外に出てきて、やはり同じように屋根にひょいと上がってしまう。その様を眺めながら、先日、ヤンゴンの映画館で見たミャンマーの恋愛映画を思い出す。こういったところで恋も生まれるんだろうなぁ。

先ほどから僕の隣に立つ初老の男性が僕の方をチラチラ見ている。空を見上げるふりをして何気なく隣を見ると目が合った。眼鏡越しにニコッと笑うので僕も笑顔を返して会釈する。ミャンマー語は全くできないので、それ以上は何もできない……と思ったら、急に彼が話し始め、「バケーション？」という英単語が聞こえた。おそらく「旅行ですか？」と質問しているのだろう。

「イエス」と答えると「どこから来たの？」ときれいな英語で聞いてきた。日本だと答えると彼は鉄枠から手を離してしまうのではないかと思うほど大げさに喜んだ。

どうやら彼の娘がヤンゴンの日本大使館に勤めているらしい。娘がかわいくてしょうがないといった優しい笑顔だ。

彼は日本人の礼儀正しさや日本製品の優れた性能について語り、日本がいかに素晴らしい国かを朗々と語った。

僕の英語力では彼の英語は半分も理解できていないし、僕は話したいことの十分の一も伝えられていない。しかし、それでも無理矢理、やりとりしていると耳が英語に少しずつ慣れ、なんとなく会話が成立していく。いつしかミャンマーの社会情勢のことにまで触れていた。このところミャンマーは東南アジア最後のフロンティアとして世界中のビジネスマンが殺到しているらしい。十年以上前、ミャンマーを初めて訪れた際、田舎の学校で大道芸を披露するだけでも軍の許可や監視が必要だった国と同じ国とは思えない。

彼がやたら「ミャンマーは貧乏だから……」と言うので、「貧乏は悪いとは思わない」と言うと彼は「本当ですか？」と意外そうに聞いてきた。貧乏だからこそ、この国の人はみんなで助け合う優しい人柄を育んでいるのではないかと補足したかったが、僕にはその英語力がなかったのでイエスと答えた。すると彼は考え込んでから、経済は人を救うが、人を壊すものでもあると言った。火と水は命を救ってくれるが、時に命を奪うものである。それは経済も同じだと付け加えた。僕の英語の解釈が間違っていなければだが。今度は逆に僕が考え込み、ボキャブラリーの少ない単語を並べて自分の考えを述べる。

風は心地いいが、強く吹いているようで普通に会話している声では聞き取れない。お互い風の音に負けない程度の大きな声で話していた。

彼は、ふと我に返ったように車掌に声をかけた。どうやら降りるらしい。バスが停まると彼は握手を求めてきた。

「あなたと話ができて楽しかったです」

もちろん僕も手を差し出す。いつしか幌の中の席は空いたが、僕は立ったまま乗り続けていた。結局、バスの終点はモウラミャインの繁華街から少し離れたバスターミナルだった。

近所の子供たちを連れて東京へのバス旅(名古屋〜東京)

近所の小学生三名を東京に連れていく約束をした。ケンピーは繊細なわんぱく坊主、カイチンは小学生とは思えないほど冷静沈着な少年、マルちゃんはいじられキャラのお調子者と、それぞれ性格が全く違う。彼らはヤギプロジェクトのメンバーだった。プロジェクトと呼ぶには大げさで、除草用に飼っている自宅のヤギを耕作放棄地に放ち、夏休みにそこへ子供たちが遊びにきていただけだ。みんなでヤギ小屋を作ろうなどと嘯いてみたものの、小屋用に集めた廃材を使って自転車のコースを作って遊び、落書き自由の器具庫にマジックで恐竜の絵を描き、その近くをヤギがうろうろしていた。

僕は、二十代から三十代にかけて子供ショーをしながら全国を回っていたが、「子供好き」を公言するほど好きではない。ただ、胡散臭い策略などなく、面白いと面白くないとがはっきりしている子供たちと遊んでいると考えさせられることが多かった。疲れるけれど。

彼らは僕のことを周囲からなんと聞いていたのか知らないが、旅が多い人だとは思っているようで「どっか連れていってよ」とよく言っていた。

そこでお年玉を一万円ずつ残して旅に行こうと約束したのである。そして、その春、青春18きっぷを使い、じゃんけんで勝った人がどちらに向かうか、次はどこで降りるかを決めながら進んでいくミステリーツアーに出掛け、岐阜県の大垣駅から岡山駅まで一泊二日の旅を決行した。すると次は東京に行きたいと言い始めた。そこで同じように、お年玉を一万円残しておいたらねと言って、翌年、決行することになったのだ。

東京までの交通費は新幹線を利用すると岐阜からは一万円を超え、高速バスでも名古屋から東京まで通常五千円程度。しかし、早めに予約すると二千四百円という信じられない金額で行くことができ、子供は、さらに、その半額の千二百円で行くことができる。往復で二千四百円、名古屋までの交通費を入れて三千円程度。ただし、行きも帰りも同じ交通手段での移動より、帰りは青春18きっぷにして途中下車しながら一日かけて帰ってきた方が楽しそうだ。となると交通費は四千円程度。問題は前回の岡山に比べ、東京の方が七十キロほど遠く一時間程度違ってくる。往復で二時間。一泊二日の二時間は大きい。東京滞在が短く、かなりハードな旅になる。

「じゃ、二泊にすればいいやんか。どうせ春休みなんだし」

子供たちは、あっさり言う。インターネットで東京は大田区の蒲田に一部屋四名泊まれるビジネスホテルを見つけ、直接、電話で交渉し、子供の値段は一泊千五百円にしてもらった。これで二泊三日の東京旅は交通費と宿泊費を入れて一人七千円。ご飯代くらいは僕が支払ってもいいが一万円という枠の中で旅をする意識を持つため一日五百円だけもらい、残った千五百円は彼らのお小遣いで自由に使っていいというルールにした。

名古屋から東京までの高速バスで我々に与えられたのは最後部より一つ前の座席で四人で通路を挟んで座ることになった。進行方向の右側にケンピーとカイチンが座り、左側に僕とマルちゃんが座った。これから六時間の移動を彼らはどう過ごすのか。ゲームでもやり始めるのかと思いきや、ずっと会話している。

「どこに行きたい？」

「ゲーセン」

ケンピーとマルちゃんが口を揃えて言う。秋葉原のゲームセンターに行きたいらしい。ゲームセンターなんて岐阜でも行けそうな気がするが、彼らに言わせれば東京には岐阜に置いていないゲーム機があるらしい。話しているうちに興奮してきたのか、声を調整できるのは冷静沈着なカイチンだけで、ケンピーとマルちゃんは声がどんどん大きくなっていく。特にマルちゃんは甲高い声なのでバスの中では響くのだ。彼らが話す度に僕は人差し指を手に持っていかねばならなかった。

「イシコは、ちゃんと生きた方がいいよ」

そんなマルちゃんから言われたことがある。確かに平日の昼間に耕作放棄地で、ぼーっとヤギを見て過ごす中年男はそう言われても仕方ないのだけれど。

「ちゃんと生きるってどういうこと？」

僕は彼に聞き返した。

「そりゃ、朝、会社に行って夕方に帰ってくることだよ」

一生懸命、スコップで穴を掘りながら答えてくれた。頭突きされたヤギへの仕返しに落とし穴を掘っているらしかった。結局、その穴にマルちゃん自身がハマっていた。

「じゃ、マルちゃんは会社員になるんだ？」

そう聞くとパティシエになりたいと言う。その後で「だって笑って暮らしたいもん」と答えた。様々な矛盾はあるが、本質的な部分はなんとなく理解できる。

名古屋駅まで乗ってきた電車の中でも「みんな顔こうぇ〜(怖い)」とケンピーが大人の顔まねをしていた。確かに出勤中の会社員の表情に笑顔はない。大人からすれば、「いつも笑顔でいられるか!」と怒りそうだが、必要以上にしかめっ面になっていることに気づいていないのだろう。

バスは一回目の休憩場所である浜名湖サービスエリアを越え、渋滞もなく順調に走り続けた。東名高速道路の中で一番長い約二キロも続く日本坂トンネルを抜けると、富士山が見え始め、清水を越え由比あたりまで来ると海も見える。

新東名高速道路(二〇一二年四月に完成した)ができると名古屋東京間の高速バスのルートも変わる可能性は大きいが、海に近い東名高速道路の方が景色はいいだろう。一方で新東名高速道路はカーブがゆったりしていて直線的に作られているので走りやすい。勾配も緩やかなので自然渋滞も起きにくく、アスファルトも最新の技術が取り入れられているので振動も少ない。道路も進化していくのだ。景色をとるか走り心地をとるかの選択である。

「イシコ〜、ケンピーが気持ち悪いって」

マルちゃんが、つついた。そうだった。ケンピーは乗り物酔いするのだった。昨年の青春18きっぷの旅の際、ケンピーが乗り物酔いになり、急遽、途中下車したことがあった。好奇心が人一倍旺盛な子供は乗り物酔いになりやすく、たいていの場合、成人になれば治る……と昨年も、そう言って慰めた気がする。

名古屋駅で子供たちと一緒に舞い上がり忘れてしまったが、ビニール袋くらいは用意しておくべきだった。昔は特急電車や高速バスにはエチケット袋なるものが備え付けてあったが、今は運賃が安くなったかわりに様々なコストカットがなされ、乗客がゴミを持ち帰るようになってきているので、袋はついていないことが多い。

先ほど立ち寄ったサービスエリアのコンビニで飲み物を買った際にもらった小さなビニール袋を渡した。もし、吐いたら、とてもそれではまかなえそうにないが、今はそれしかない。

「イシコ〜、ケンピーが吐いてまったて〜（吐いてしまったよ）」

マルちゃんは、いちいち報告してくれる。しかも甲高い声で。

乗り物酔いがひどかった僕の子供の頃の体験上、エチケット袋を渡されるとなぜか余計気持ち悪くなり、吐いてしまうのだ。幸い、座席を汚すまでにはいたらなかったようだ。前に座っていた中年女性がビニール袋をくれ、みんなでお礼を言う。

二回目の休憩場所である海老名サービスエリアが、これほど遠く感じたことはなかった。

「降りへん……」

車外へ連れ出そうとするとケンピーは力のない声でつぶやいた。三人で説得し、一旦、降りさせた。彼はしゃがみ込んだまま外の空気を吸った。土日だったら排気ガスの臭いも強いが、平日の午前中は空いているので空気も澄んでいる。それでもケンピーは気分が悪いままだった。

ここからは僕がケンピーの隣に座る。彼は窓際に頭をつけたままぐったりしていた。僕もどうしていいかわからない。さすっていいものなのか、そっとしておくのがいいのか。とりあえず話していた方が気分がまぎれると思うから質問するが、話したくなかったら返事しなくていいと前置きしてから質問した。

「部活決めたの？」

彼らは、この春から中学一年生である。

「やきゅぅ……」

消え入りそうな声でぼそっとつぶやく。

「カイチンやマルちゃんも？」

「カイチンはバスケじゃね？　マルは知らね……」

顔は苦悶の表情のままだが、先ほどより声は出ている。みんなで一緒に……ではなく、それぞれが選択しているということが彼らしく思える。僕は彼らの関係性が好きだった。「ずっと友達でいよう」的なベタベタ感がなく、それぞれが自分の意思で歩んでいる。

僕も、その場その場で出会った人たちと遊ぶにしろ、働くにしろ、めいっぱい一緒に時間を過ごしたら、「また、どこかで」と言って別れる関係性が好きである。だから「冷たい人」だと言われることもある。もし、誤解されて連絡が途切れるようなら、それはそれでいいと割り切ってきた。誰にでもいい顔はできないし、誰にでも気を使っていたら自分の人生を歩めなくなる。

それは僕とこの三人の関係性も同じだ。中学生になれば彼らそれぞれの中学校生活が待っている。勉強も部活も忙しくなり、以前ほど僕のところには遊びにこなくなるだろう。それはそれで自然なことである。彼らが大人になって酒でも飲むようになってから再会し、「久しぶり〜」と、今回の旅の思い出をつまみに酒を酌み交わせれば、それでいい。

バスは料金所を越え、首都高速に入っていった。あいかわらずケンピーはぐったりしている。

「ケンピー、東京に入ったよ。もうちょっとだから」

彼に言葉をかけるが目を閉じたまま小さくうなずくだけだった。

「イシコ〜、まずはゲーセンからね」

マルちゃんの声はあいかわらず甲高かった。

恐怖の説教バス（ドイツ）

「死ぬ時はトランク一つが理想である」と綴ったばかりだった。テーブルの上にパソコンを広げたまま、ホテルを飛び出し、テーゲル空港へ迎えにいくとマスク姿の彼女が搭乗ゲートから出てきた。トランク一つどころか手ぶらで。

「ロストバゲージだってさ」

数か月ぶりに会う彼女の第一声だった。トランクは経由地のイギリスはヒースロー空港で置いてきぼりを食らったようだ。メルケル首相に似た肝っ玉母さんのようなドイツ人スタッフから「明日にでもホテルに届けるから心配しなさんな」と、きれいな英語で言われた。

一週間前までフィンランドに滞在していた僕とベルリンで合流し、十日ほど一緒に過ごす予定である。

彼女とは学生時代から交際を始め、数十年になるが未だに籍は入れていない。一緒に住んだのは交際して三年目ぐらいまでで、その後は別々に暮らしている。

「どうして結婚しないの？」

人生の中で数えきれないほど聞かれた質問である。岡本太郎さんのように結婚制度への疑問などといった明確な理由があるわけでもない。酒でも飲みながら一晩かけて語れば、なんとなく答えられるかもしれないが、それで満足してもらえる自信もない。よって「なんででしょうね？」などと、のらりくらりかわすので「無責任」「優柔不断」と罵られ、最後は説教を食らうことが多い。

「事実婚の女性」や「パートナー」といった言葉を使うと、これまた訳ありなのかなと遠回しに気を使った質問をされ、これはこれで厄介な展開になる。説明が面倒で「妻」と言うこともあるし、この本の中でも、妻と書いてきた。

初対面の人に対しては妻でも問題ないが、旧知の人が一緒だったりすると「えっ？　籍入れたの？」と聞かれ、余計、ややこしくなる。日本なんて紙一枚提出すれば済むだけなので、結婚してしまった方がいいのかもしれないと思うこともある。

その点、ドイツは役所で挙式しないと結婚が認められない。それが関係しているのか事実婚やパートナーが日本より一般的らしい。離婚率が五十パーセントを超える国なので最初から離婚を回避するこの国らしい考え方なのかもしれないけれど。

「ホントに届くのかねぇ」

二階建てバスの二階席で腕組みしながら彼女は言う。

「ロンドンからベルリンまで千キロくらいだから、すぐ届くんじゃない？」

「千キロってどれくらい？」

「東京と大阪往復くらい」

「ふ〜ん。ホントに届くのかねぇ」

彼女は信用していないようだ。航空会社も僕の言うことも。

荷物を待っていても仕方ないのでトラム（路面電車）とバスと地下鉄共通のフリーパスを購入し、バスに乗っている。ベルリンの街は100番と200番の路線バスを使えば、ベルリン大聖堂、テレビ塔、ブランデンブルク門、戦勝記念塔、ポツダム広場など、たいていの見所は回ってくれるので、ざっと先に全体を見ながら土地勘を身につけていく……のは僕の旅の仕方で彼女の場合は全く違う。

「ここの近くに行きたい店があるのよねぇ」

既にガイドブックを読み込み、街全体を頭の中に叩き込んでいる。彼女といる時は、僕が行きたいところ三割、彼女が行きたいところ七割で旅は進んでいく。これが互いにとって心地いい割合である。

先ほどから二階席の一番前の席を狙っているが、なかなか空かない。半分開いた鳥の目のような彼女の目がぴくっと動き、僕もそれに反応し、うなずく。ようやく空きそうだ。

しかし、我々と同時に二組の親子が狙っていた。我々は再びうなずいた。これは譲ろうと。こういう時は二人の間に会話はいらない。思っていることは同じで行動も一致する。数十年もの間つきあっていれば自然なことなのかもしれない。

三歳くらいの男の子と女の子が寄り添うようにしてガラスにへばりつき二階席からの景色に興奮し、彼らは終点まで降りなかった。

終点のツォー駅で降りると、我々は、そのまま折り返しのバスに乗った。始点から乗れば二階席の一番前に座ることができるからだ。バスが動くまで、しばらく時間がある。席が確保でき、ほっとしたのかお腹が鳴った。

「何食べる？」

「パンかパスタがあれば何でもいいよ」

彼女は偏食家である。おかげでバンコクやホーチミンなど東南アジアの街でもカルボナーラを食べられることを知った。美味しいかどうかは別として。ドイツは、その点では楽そうだ。しかも海外のカルボナーラは彼女のアレルギーの一つであるにんにくを日本のように入れないので、頼んで抜いてもらう必要がない。

造り酒屋の血を引き、酒は僕より強い。しかし、米アレルギーを持っているので日本酒を飲むとじんましんが出る。よって基本的にビールばかり飲む。この点でもドイツはいい。

バスが動き始める。やはり全面ガラス張りなので視界が広がり、見え方も全く違う。なんといっても二階建てバスで一番前に座る面白さは非日常的な視線なのだ。たとえばベルリンの街のところどころに張り巡らされている青やピンクの管がある。この管の下をバスがくぐる際、思わず二人で頭を下げる。当たるわけがないのに。この臨場感がたまらない。ベルリンという地名が古い言葉で「湿地」を意味し、この街は沼地だったという説もある。そのため工事をすると、すぐに水が染み出てくる。そこで常に排水をしておかねばならないそうで、そのパイプがこれらの管なのである。もちろん工事が終われば撤去されるが、別の場所で工事が始まれば、またパイプが組まれる。

「ダメダメ。踏んじゃう、踏んじゃう」

彼女は象のロボットでも運転しているような感覚で、下を走っている自転車を見ている。環境立国のドイツは街中でも自転車が多い。

バス停に立ち寄る際、バリバリバリッと街路樹の葉っぱにぶつかっていく様を見ながら、彼女がつぶやく。

「ぶつかる音までドイツ語に聞こえるね」

「そういえばドイツ語のトイレってローマ字読みするとトイレッテンって読めちゃうよね」

「なに言ってん、トイレッテン、トワレットだよ」

彼女のつぶやいたこのリズムがツボに入ってしまい、笑いが止まらない。僕もマネしてつぶやくと彼女も自分のつぶやいた面白さを自覚したのか笑いが止まらなくなる。

「なに言ってん、トイレッテン」。しばらく、二人の間ではやり言葉のように言い続ける。どうでもいいことで笑い合えるから我々の関係は長く続いているのだろう。

「取材はちゃんとしてんのかね？」

笑いが収まると彼女は珍しく仕事のことを聞いてきた。早朝、彼女が到着する前に連載エッセイの取材散歩を済ませてきた。たまたまバスの停留所のガラスをはずして告知を替えている中年男性を見かけ、しばらく遠くから眺め、迷った挙句、連載している機内誌のエッセイを見せながら話を聞かせてほしいと片言の英語で声をかけた。ドイツ語しか話せないと言った彼の英語は僕の片言より、きれいだった。元々はバスの運転手だったが、腰を痛め、今は、時刻表や路線図の変更や告知事項などを交換する仕事に変わったらしい。「プラウド（誇り）」という単語を何度も使うところにドイツ人らしさを感じた。

「ふ〜ん。それにしてもバスも黄色、トラムも黄色で目が痛いなぁ」

途中から僕の話はほとんど聞いておらず、彼女は、ずっと外を眺めている。

「そういえば会社の通帳が大変なことになっているよ」

彼女の本題はそれだったようだ。長い旅に出るので経理の経験がある彼女に個人会社の通帳を預け、請求書等の管理をしてもらっていたのである。

「なんとかなるよ」

「ならないから言っているんですよ」

「そんなにひどいの？」

「会社の残高とは思えないね。小学生より少ないんじゃないか？」

「……。まぁ、これだけ旅をしていれば本の一冊くらい出して印税で……」

「そういうことは本を出してから言おう」

「……。もし本がダメだったら、また、なんかで復活するから待ってて」

「復活というのは活躍していた人が復帰することを言うんです。あなたはいつ活躍したのかな？」

「……。どこかから仕事もらうよ」

「営業とかしているんでしょうか？」

「……。人見知りだからなぁ」

「『人見知り』と『不器用』は逃げの言葉だからね」

車窓が違うだけで東京のバスの車内と変わらない状況だ。彼女は感情で説教しないので怖さが増すのだ。

「ホントに届くのかねぇ……トランク」

彼女は再び腕組みをしてつぶやいた。ブランデンブルク門近くでビールを飲ませて、ご機嫌にしよう。でも二杯までだ。三杯になって酔いが回ると彼女は説教モードになる。これも数十年、一緒に紡いできた彼女との時間から学んだことである。

休憩のある日本一長い路線バス（奈良）

奈良交通のチケット売り場で手にしたバスの乗車券には一月四日と印字されていた。ちょうど一年前のこの日だったのである。正月三が日が明け、食卓が雑煮からご飯に変わった朝、母は箸が持てなくなった。それと同時に生活の中に、いきなり「介護」が入り込んできたのだ。

介護といっても母は手は動かなかったが歩くことはできたので、必要なのは食事やトイレの介助と夜中のおむつの交換くらいだった。しかし、それから一か月くらい経った頃、椅子に座ったまま、ポットのお湯を出そうとして転げ落ち、その際、顔面を強打し、入院することになった。

持病のリウマチに加え、頸椎も損傷してしまったのである。医師から受けたのは「寝たきり宣告」。入院したことで自宅介護から解放されたが、二週間、ベッドに横たわり、点滴を続け、どんどん弱っていく母を見ているのはつらかった。そして母は手も足も動かなくなった。

一年前の戸惑いと慌ただしさを思い出していると新宮行きの路線バスが到着した。奈良県の近鉄大和八木駅から和歌山県のJR新宮駅までを結ぶ「八木新宮特急バス」だ。高速道路を使わない路線バスとしては日本一の走行距離である。東京から軽井沢、もしくは大阪から岐阜までの距離に匹敵する百六十六・九キロを走る。乗車時間は約六時間。高速バスなら東京から名古屋まで、新幹線であれば東京から博多どころか熊本あたりまで行くことができ、飛行機であれば日本からタイはバンコクまで行くことができる時間である。

一番後ろの歩道側の席に座り、出発まで車内に乗り込む乗客の様子を眺めていた。住民らしき高齢の女性に混ざり、トレッキング用の折り畳みのストックをさしたリュックを手に六十代くらいの夫婦も乗ってきた。このバスは温泉地や熊野古道の終着点にあたる熊野本宮大社など様々な観光地も通っていくので観光客も乗ってくる。とはいえ、あくまで路線バスである。リクライニングシートがあるわけでもないので快適性を求めることはできない。

バスが橿原《かしはら》市役所前、次の医大病院前の停留所を過ぎたところで、メモ帳を取り出し、停留所の名前を記し始めた。車内前方の電光掲示板に次の停留所の名前が表示されるので百六十六ある全ての停留所を記録し、その脇に気になったことをメモしていくことにしたのである。六時間の間、読書、音楽、居眠りなどの過ごし方もいいが車窓を丁寧に味わっておきたい。そう思うのは一つずつ進む喜びと一分の大切さを味わった母の介護が中心の一年間が影響していたのだろう。

イオンモール橿原北、高田市駅、忍海《おしみ》駅を通り、買い物や近鉄の駅に向かう主婦、高齢者など、その土地に住む人々の生活を垣間見ることができる。そこから、ここに住んだ自分の生活を想像することができ、路線バスの旅の楽しさがある。

乗車から約一時間、停留所で数えると四十一番目にあたる五條バスセンターで十分休憩のアナウンスが流れた。休憩がある路線バスなのだ。運転手が出発時間とトイレの場所をマイクで説明してくれる。

もちろん、ここで下車する人もいて、その場合、運賃を支払ってから降りるが、この先も乗り続ける人は、そのまま降りていけばいい。僕は、あらかじめ奈良交通の窓口で新宮まで二日間有効の途中下車可能なチケットを購入していた。

休憩後、再びバスは出発し、国道168号を走り続ける。車窓は街から田舎の風景へと徐々に変わっていき、柿畑もちらほら現れ、焚火や野焼きなどが見られる。神野の停留所を越え、トンネルをくぐると山道になり、十津川村へ入っていく。世界遺産の熊野古道も通る村は北方領土の村を除けば、日本一広い村である。その広さは琵琶湖や東京二十三区よりも上である。

出発から約三時間で九十番目の停留所「上野地《うえのじ》」に到着し、二度目の休憩である。すぐ近くには日本有数の長さを誇る「谷瀬《たにぜ》の吊り橋」がある。九十年代半ばまで日本最長の吊り橋だったが、茨城県にさらに長い竜神大吊橋が完成し、現在は生活用鉄線吊り橋として日本最長と言われている。

吊り橋を往復し、バスに戻ると最初から乗っていた高齢者グループが弁当を広げて食べていた。かなり旅慣れたグループである。フェルト地のチューリップハットなど、それぞれが個性的な帽子をかぶり、いつ食べているんだと思うほど話し続ける。三人の会話はかみ合っておらず、それぞれが違ったことを一斉に話している。人の話など聞いていないのだろう。人の話を聞かないことは悪いことだと言われているが、時には人の話を聞かない方がいいこともある。特にこの一年で、その思いは強くなった。

医師から「寝たきり宣告」を受けた時、数日間は落ち込んだ。そして残り少ないであろう母との時間を最優先することに決め、毎日、病院に通った。首から上は元気なので、認知症にならないように、とにかく話をさせた。話題を探し、母の子供時代の話まで様々なことを聞いた。動かない手を動かしているかのように話す母がぽつりと言った。

「動けへんのやろか」

動く気力のある母の一言で僕は覚悟を決めた。渋る医師から半ば強引にリハビリの許可をもらい、担当の理学療法士をつけてもらったのである。

車内では高齢の女性たちが弁当を食べ終え、空き箱を紙で包む音が広がる。運転手も戻り、車内の人数を確認した。あくまで路線バスなのでそんな義務はないが、このバスは一日に三本しか走っておらず、もし、ここで置いていかれると数時間待たなければならないので運転手も気を使っているのだろう。

一時間後、三度目の休憩の十津川温泉で高齢者たちは降り、僕も一旦、降りて温泉に浸かることにした。その前に昼食だ……と思ったが時間は既に午後一時半を回り、周囲に食事ができそうな場所は見当たらない。あの高齢者のグループがバスの中で弁当を食べていたのはこういうことだったのだ。誰もいない足湯に浸かりながら、バス停に隣接する土産物屋で買った菓子パンと冷たい缶コーヒーが僕の昼食になった。

メモ帳を見返すと、この秘境の地にやってくるまで停留所は百二十一。いくら長いとはいえ、バスは一つずつ確実に前に進んでいく。

「リハビリはそんなわけにはいかないからなぁ」

足湯の場所から見える十津川を挟んだ向こう岸の山に向かってつぶやいていた。

母がリハビリを始めて数か月は、毎日、八時間近く病室にいた。リハビリの本を読み漁り、理学療法士から寝たまま腹筋をつけるトレーニングを教わり、北欧のリハビリボールを取り寄せて感覚のない手に何度も握らせた。落としてベッドから落ちていくボールを見ながら、母が「もういいわ」とあきらめかけると「もう少しだけ」「ちょっとできるようになったから」と叱咤激励し、同じことを何度も繰り返した。もちろん毎日、車椅子に乗せてリハビリ室にも通った。

あまりにいつも病室にいるので看護師から「マザコン」のように扱われたこともあるし、うっとうしがられるから、ほどほどにした方がいいと姉から忠告も受けた。それでも僕は頑なに続けた。

明らかに効果は現れる。約三か月後、母は自立歩行ができるまでに回復したのである。しかし、やはり、僕の母だった。お調子者だった。調子にのり、目をつぶって立つバランスを鍛える訓練をした。理学療法士から一人の時にはしてはダメだよと言われたにもかかわらず。そして案の定、転倒した。

再び首から下が動かなくなり、医師から二度目の「寝たきり宣告」を受けた。母も気力をなくし、精神的なストレスから過呼吸になった。理学療法士がベッドに迎えにきても母はリハビリを拒否した。八十歳の身体は一気に弱り、手足どころか自力で排尿もできなくなり、尿道にカテーテルを入れた。高齢者が一度、カテーテルを入れると、取れない可能性が高いと言われ、僕は落ち込んだ。

しかし、どうしてもあきらめきれなかった。母への想いより、そこに費やした時間をあきらめたくなかったという自分勝手な理由だけだったように思う。寝たまま膝を立てるだけでも腹筋が鍛えられると理学療法士から聞き、すぐ倒れてしまう膝を何度も立てさせた。看護師から「あまり無理させないでくださいね」とやんわり注意されながら、やり続けた。

「もう無理やて」

「昨日より一秒長く膝が立つようになっとるやんか」

「あんたがスパルタ的にリハビリやったでこうなったんや」

「一人でやったらいかんリハビリやったでやろ」

病室で互いに罵り合った。叱咤激励ではなく母子戦争に近かった。ただ、僕も反省はしていた。前回のように猛特訓ではなく、じっくり、ゆっくり、コツコツと路線バスのように進めていった。

夏が過ぎた頃、リハビリの効果が現れ、自分で排尿できるようになり、カテーテルがはずれた。すると母の表情も本気度も変わり、再びリハビリに精を出すようになり、車椅子に五分座っていられるようになった。次に十秒立つことができるようになり、一歩歩けるようになっていった。こうして順調にいくはずだった。

そろそろバスが来る頃だ。あれだけ寒かったのに足湯効果で額にはうっすら汗までにじんでいる。十津川温泉のバス停に向かうと既に休憩中のバスが停まっていた。ここから終点の新宮駅まで残り約二時間。太陽が山を照らし、車窓から見える夕暮れの景色はこちらを優しい笑顔にしてくれる。忌部《いんべ》、御所《ごせ》元町《もとまち》、小殿《おどの》など、奈良や和歌山のような歴史ある地域の路線バスは停留所の名前も魅力的だ。将監《しょうげ》の峯の停留所を越える際、言葉の響きに嚥下《えんげ》を思い浮かべた。

二度目のリハビリを始めて四か月ほど経った頃、今度は誤嚥性の肺炎になってしまった。高熱が続く母は熱にうかされ、訳のわからないことを口にするようになり、完全絶食で点滴のみの寝たきり生活が半月ほど続いた。医師から誤嚥性肺炎は繰り返すことを告げられ、ここから弱っていくので覚悟してくれと言われ、「認知症」と「死」という単語も出た。一歩進んで三歩下がってしまったのである。

「死んでもいいでチョコ食べたい」

母がそう発したことで再び覚悟を決めた。医師に点滴をはずして、普通の食事に戻してほしいと懇願した。根拠なく言ったわけではない。インターネットで誤嚥性肺炎の治療法について調べ、様々な医療関係者に聞いた際、完全絶食にすると嚥下機能が弱り、さらに誤嚥性肺炎になりやすくなるので食べさせながら治す病院があることを知ったからだった。全員に通用するとは言えないが、母の場合、これがうまくいった。高熱が出たり下がったりを繰り返しながらも確実に体力を取り戻していったのである。

そして再び一からリハビリを始めた。二度のリハビリは無駄ではなかったようで運動音痴の八十歳の身体でも多少なりとも覚えていたようだ。以前より進み具合が早く、一か月程度で肺炎前の状態にまで歩けるようになった。

二度目の転倒から七か月。要介護4の認定を四か月程前に受けた母は現在、百メートル程度は自立歩行できるようになった。まもなく退院し、自宅介護に移行していく。

終点の新宮駅に到着する頃、空は真っ暗だった。バスには終点があるが、介護の終点はどこなのだろう。母は自立歩行はできるようになり、食事もスプーンで自力摂取できるまでにはなったが、指は自由に動かすことができないので着替えやトイレの介助は必要である。今回、久しぶりのバス旅に出る前、母が好きな飛驒の豆菓子「三嶋豆」をティッシュの上にばらまき、指でつかんで食べるリハビリの宿題を置いてきた。「鬼息子」と呼ばれながら。

さて、こちらは一杯飲みながら、今後の自宅介護と旅の両立を考えるとするか。お互い次の停留所に進む。

おわりに

あいかわらず、ぶらりバスの旅を続けている。最近はバスにＬＣＣ（格安航空会社）や鉄道を組み合わせ、日本を縫うように旅をしている。来週は東京から弘前まで高速バスで行き、そこから車窓の景色が美しい鉄道「五能線」に乗る予定。

本書の中に登場する人たちも時間を刻みながら、自分の人生を歩まれている。ブルキナファソのバス旅で一緒だった飯田さんは孤児院を完成させたが国内情勢が不安定で二度の暴動を経て国外退去の際、手放した。現在、日本で英気を養い、時機を見て再びブルキナファソに出向き、一歩踏み出すそうだ。あゆみさんは結婚を機に韓国に移住し、子育てに追われている。近所の子供たちとのバス旅で一緒だったケンピーは、この春から東京の大学に進学し、一人暮らしを始める。先日、久しぶりに僕の家へ遊びにきて、ビールの差し入れをしてくれた。

妻とは今も東京と岐阜と別々に暮らし、月に一度程度、東京で飲み、時折、僕の旅に合流する。先日、彼女の好きなイタリア料理店で世界の結婚式を巡る二人旅を提案したら、「はいはい。会社にお金ができたらね。すみませ〜ん。生ビールお願いします」と相手にされなかった。かと思えば、別れ際に「中国とインドとコートジボワールは行かないから」と言われた。コートジボワールなんて話題に出したこともないのに。

要介護4の母は退院し、施設という選択肢もあったが、町の皆様の力をお借りしながらの自宅介護を選んだ。日々、母子戦争を繰り広げてはいるが今のところは楽しく過ごし、ショートステイなる宿泊の介護サービスも利用させてもらえるおかげで旅の時間も持たせてもらっている。

いったい僕の人生は、どこに向かうのだろう。どんな時代になろうとも時間の選択だけは自分でしようと思う。それが人生をおもしろくしていくのだと信じて……おっ、そろそろバスの時間になりました。現在、大分県臼杵市に滞在中で、これから、この町のコミュニティバスに乗るところ。また、どこかで皆様に、お目にかかれることを楽しみにしています。

最後に、この本を上梓するにあたり、幻冬舎の竹村優子さんには大変、お世話になりました。そして、素敵な装画を描いてくださった後藤美月さんにも心から御礼申し上げます。

二〇一八年四月　イシコ

この作品は書き下ろしです。

JASRAC 出 1804858-801

人生《じんせい》がおもしろくなる!　ぶらりバスの旅《たび》

イシコ

平成30年6月10日　初版発行

発行人――石原正康
編集人――袖山満一子
発行所――株式会社幻冬舎
〒151-0051東京都渋谷区千駄ヶ谷4-9-7
電話　03(5411)6222(営業)
　　　03(5411)6211(編集)
　　振替00120-8-767643
印刷・製本―近代美術株式会社
装丁者――高橋雅之

幻冬舎文庫

ISBN978-4-344-42743-3　C0195　い-42-3

幻冬舎ホームページアドレス　http://www.gentosha.co.jp/
この本に関するご意見・ご感想をメールでお寄せいただく場合は、
comment@gentosha.co.jpまで。